明治二年、三年宗城公御日記類（「解題」参照）

革帳「御手帳」F：縦 14.4㌢、横 9.0㌢、104 頁

革帳「御手帳」G：縦 11.9㌢、横 7.3㌢、130 頁

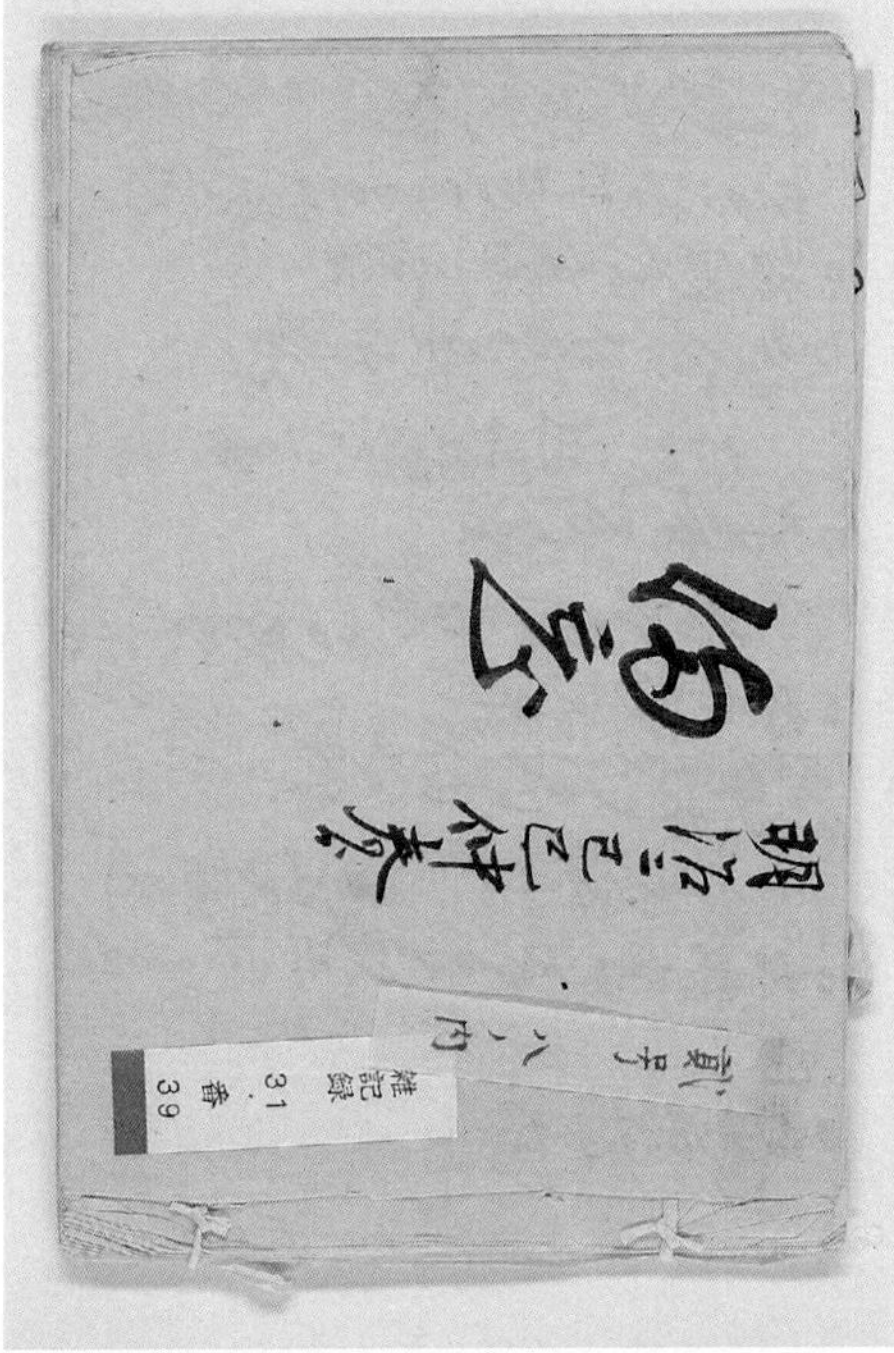

紙本「備忘」H：縦 13.7㌢、横 20.0㌢、53 丁

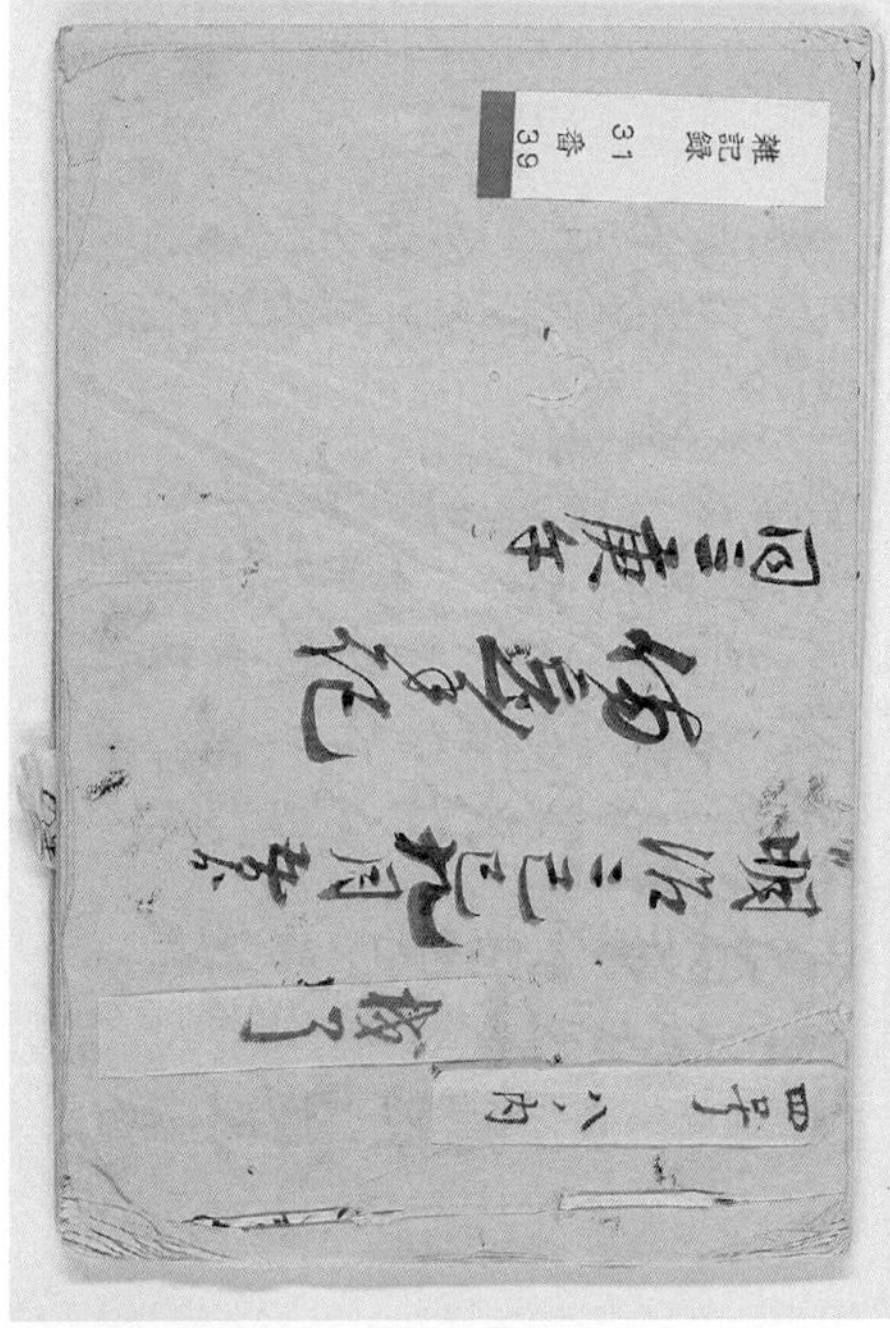

紙本「備忘手記」I：寸法同左、38 丁

A

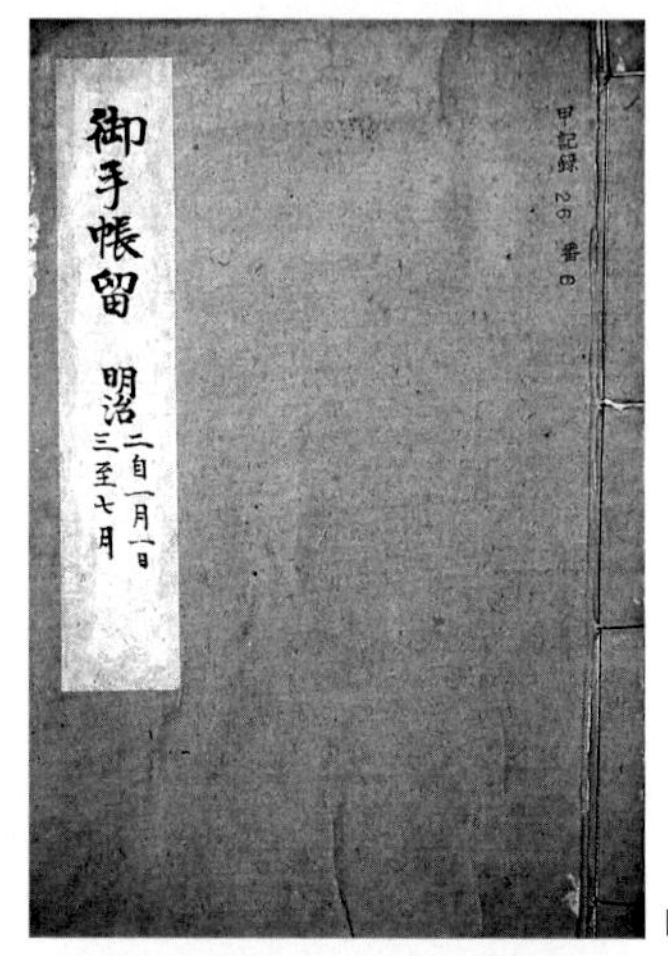

B

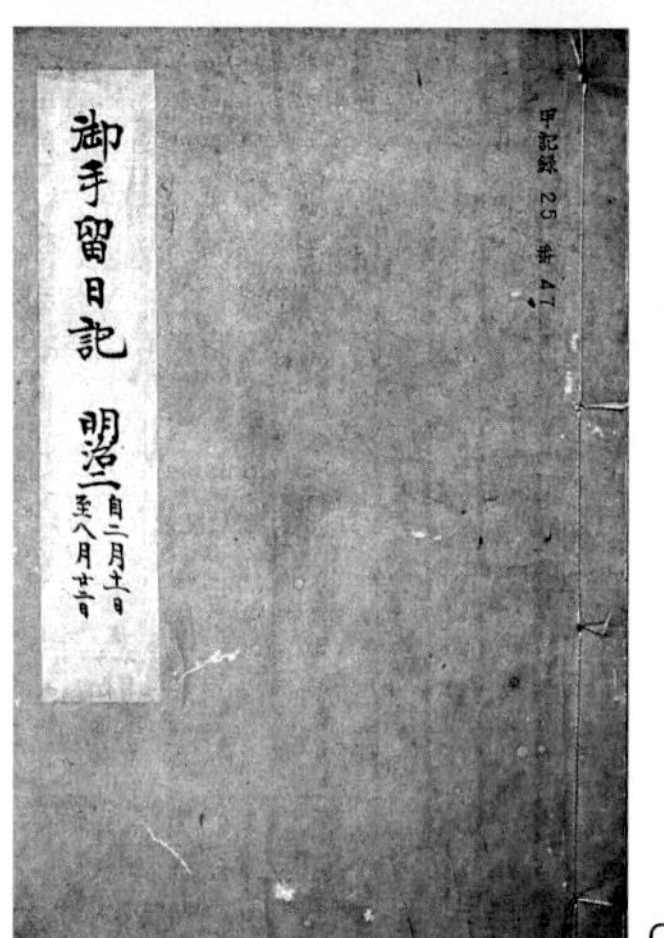

C

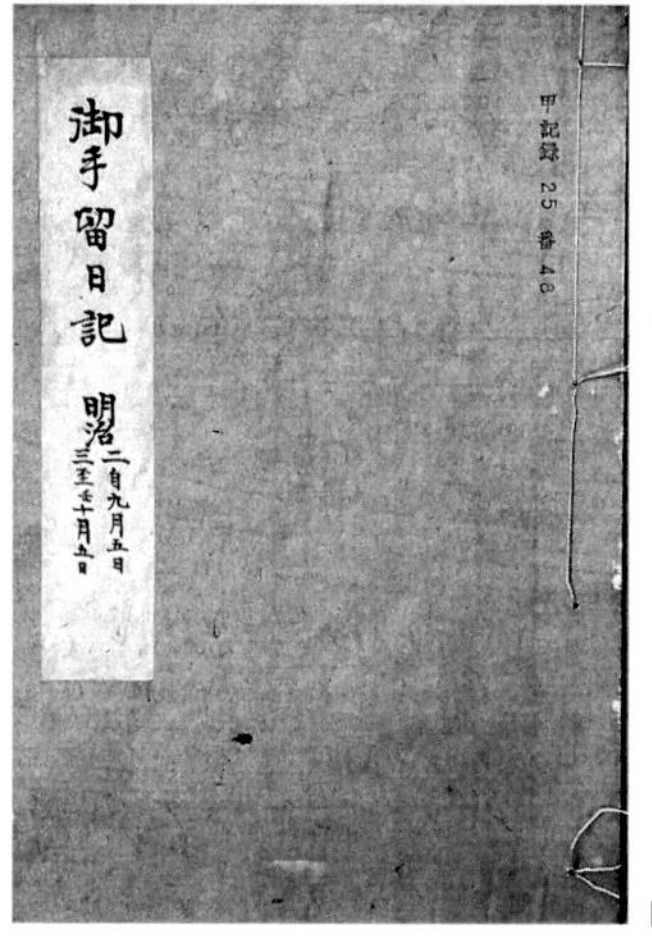

D

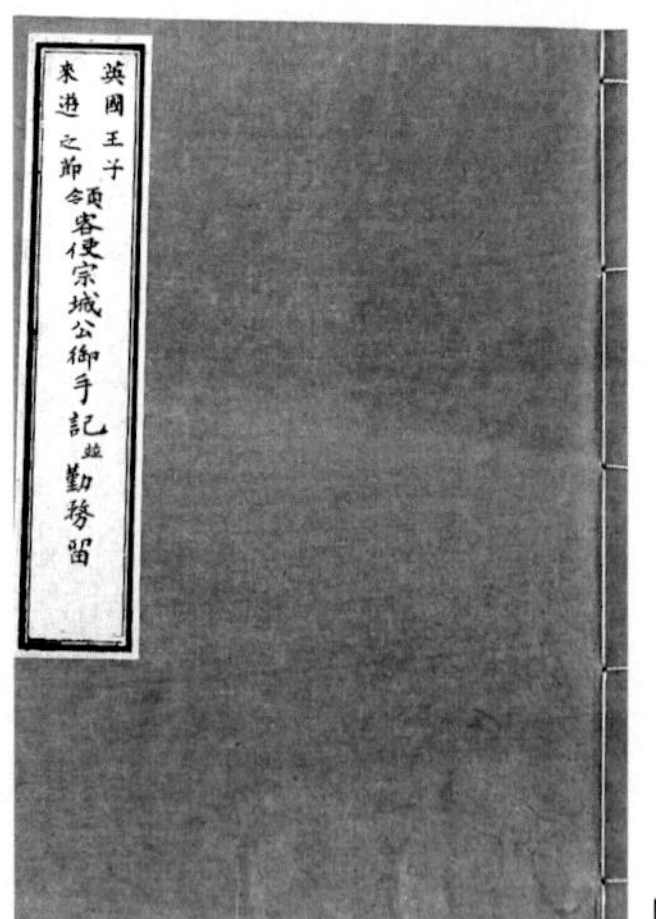

E

稿本「御手帳留」A：縦 23.8 ㌢、横 16.3 ㌢、35 丁
稿本「御手帳留」B：寸法同上、71 丁
稿本「御手留日記」C：寸法同上、63 丁
稿本「御手留日記」D：寸法同上、52 丁
稿本「領客使御手記」E：寸法同上、14 丁

■宇和島伊達家叢書第八集■

伊達宗城公御日記　「備忘」明治二己巳暮春より

―戊辰戦後の混乱と版籍奉還　その他―

「宇和島伊達家叢書」第八集の発行によせて

公益財団法人宇和島伊達文化保存会
理事長　伊達　宗信

このたび、「宇和島伊達家叢書」の第八集として、『伊達宗城公御日記　「備忘」明治二己巳暮春より』を引き続き発行する運びとなりました。

当保存会では、宇和島藩伊達家の初代藩主秀宗から九代藩主宗徳にいたる判物、系譜・系図・履歴、辞令書、建白・意見書、藩主直書、書翰・日記、及び藩政全般にかかる諸史料など、約四万点の大名家文書を保存しています。また、これらの原史料とは別に、明治以降に伊達家家記編輯所において筆写された稿本史料が、「藍山公記」と題する八代藩主伊達宗城の伝記稿本一八一冊をはじめとして一万五〇〇〇点近く残されています。宇和島伊達家叢書は、この原史料及び稿本史料から特に七代藩主宗紀、八代藩主宗城、九代藩主宗徳の時代に焦点をあててシリーズとして発行しようとするものです。

二〇一一年に宇和島伊達家叢書第一集『井伊直弼・伊達宗紀密談始末』、二〇一四年には『伊達宗城隠居関係史料』（共に当保存会評議員であった故藤田正氏が編集・校注）、二〇一五年からは当保存会前理事、近藤俊文、同前評議員、水野浩一両氏の翻刻・現代語訳・解説で『伊達宗城公御日記　慶應三四月より明治元二月初旬—慶応四年三大攘夷事件関連史料　その一—』、『伊達宗城公御日記　明治元辰二月末より四月迠　在京阪—慶応四年三大攘夷事件関連史料　その二・その他—』、『伊達宗城公御日記　明治元辰四月末より六月迄　在京阪—宇和島・仙台伊達家戊辰戦争関連史料　その一・その他—』、『伊達宗徳公在京日記慶応四辰七月廿二日より明治元辰十月十八日着城迄—宇和島・仙台伊達家戊辰戦争関連史料　その二—』、『伊達宗城公御日記　明治元辰六月より十一月迄　在京—宇和島・仙台伊達家戊辰戦争関連史料　その三—、東幸供奉日記』を刊行しております。第八集は『伊達宗城公御日記「備忘」明治二己巳暮春より』を発刊することにいたしました。

本シリーズが宇和島藩に対するご理解を深めるために、多くの人々にお読みいただけることを願っております。

目次

凡例

一　伊達宗城公の直筆「備忘　明治己巳暮春より」（雑記録31―39）を翻刻し、現代語訳と注を付け、関連文書の「解題」ならびに本文の「解説」を付した。

一　公益財団法人伊達文化保存会収蔵史料の抽出、複写、整理ならびに「解題」は、水野浩一が担当し、翻刻と現代語訳は水野浩一と近藤俊文が共同で行い、「解説」と脚注ならびに補注は近藤俊文が担当した。

一　漢字は、原則として常用漢字を用い、常用漢字にないものは正字を用いた。

一　かなは、現行のひらがな・カタカナ表記とし、史料原文の「ゟ」などの合字は「より」に、「ヒ」「ホ」などの略字は「被」「等」と本字にした。

　上段の原文は、合字と略字以外は、一部を除き改行も含め正確にありのままを再現した。不明字は□で表した。ただし、読者の便を考えルビを付した箇所がある。

一　多義的に用いられている「斗」は原文ではそのままにし、翻刻・現代語訳では該当する現代用語に変換した。

一　該当箇所に収まらない脚注は、本文末に別に「補注」としてまとめた。

一　出典、引用文献は「解説」末に、それぞれの文書の略記文字で検索できるようにまとめた。

一　解説文などで、『伊達宗城公御日記　慶應三四月より明治元二月初旬』を『御日記①』、『伊達宗城公御日記　明治元辰二月末より四月迠　在京阪』を『御日記②』、『伊達宗城公御日記　明治元辰四月末より六月迄　在京阪』を『御日記③』、『伊達宗徳公在京日記　慶応四辰七月廿二日より明治元辰十月十八日着城迄』を『御日記④』、『伊達宗城公御日記　明治元辰六月より十一月迄　在京』を『御日記⑤』、本『伊達宗城公御日記　「備忘」明治二己巳暮春より』を『御日記⑥』と略記した。

【史料及び現代語訳】

伊達宗城公御日記　「備忘」明治二己巳暮春より

追加補填の部分（雑記録31番12「革手帳F」明治二年一月—十二月のうち）
　明治二己巳正月元旦から
　明治二年二月十一日まで
元来の体裁（雑記録31番39「備忘」明治二年二月十二日—二年七月二十二日［紙本H］）
　明治二年二月十二日から
　明治二年八月二十二日まで
※右については「解題」参照のこと。

【史料及び現代語訳】御日記「備忘」明治二己巳暮春より

明治二己巳正月元日参賀
○於小御所御對面
○後宮於御三の間謁女房三役
　大典侍(1)　長橋(2)　大乳子(3)
同二日
○参賀於小御所御盃頂裁(ママ)
末廣一本被下候事
○来ル四日 政始(まつりごとはじめ) ニ付左之通決
　△小御所へ
出御之上補(ママ)相議定参与
進出御政務事件言上
但事件無之候ハバ其段言上
△次ニ五官(4)京都府知事罷出
同様事件言上
　但政始ニ付慶事より言上
　可有之方と心得候事
右五官知事へ申達ス
同三四日参賀
○東久世(5)へ公卿洋行之事以急

明治二年正月元旦参賀。
○小御所で天皇のご対面があった。
○後宮(こうきゅう)のお三の間で左の女房三役に拝謁。
　大典侍(おおすけ)、長橋局(ながはしのつぼね)、大御乳人(おおおちのひと)
同二日
○小御所で参賀の礼式があり、お流れを頂戴し、扇子一本くださった。
○四日の政務始めを左の要領に決定する。
　△小御所へ出御があり、輔相・議定・参与がまかり出て政務上の問題を言上する。但し報告事項がないときには、そのように申し上げる。
△ついで五官庁の卿、京都府知事がまかり出て、政務内容の要点を申し上げる。
　但し政務始めだから、慶事から言上するように心得ること。
右要領を五官の知事へ申達した。
同三日 参賀。
○公家洋行に関して、東久世からの依頼で

（1）典侍（ないしのすけ）の筆頭（「法令全書 第九百八十二」明治二年十月十二日）。
（2）官名は勾当掌侍（こうとうのしょうじ）、掌侍(ないしのじょう）の筆頭（同右書）。
（3）「大御乳人（おおおちのひと）」の誤記。
（4）神祇、会計、軍務、外国、刑法の五官。
（5）東久世通禧（ひがしくぜみちとみ）、神奈川府知事（『補任』一四五頁）。

使サトウへ問合遣候
同四日政始ニ付参於
小御所へ出御補（ママ）議参五官京府
判事迠壱人ツ（ママ）出政務言上
○勅赴[1]之
震（ママ）翰拝誦補（ママ）相讀之
同五日
○例刻出仕
　○東京にて山内少将家来
　　當分外国官　北代忠兵衛[2]
　　御雇
右十二月被仰付候事
○午時頃横井[3]退出懸居宅
懸亂妨者有之終致横
死候由福岡[4]家来より爲知候由
右ニ付議参退出の者呼ニ被
遣候事
○京都府刑法両官急即（ママ）
夫々吟味被　仰付候事

サトウへ急使を遣わし問い合わせた。

同四日政務始めなので、出御の小御所に出て輔相・議定・参与・五官・京都府の判事まで一人ずつ政務を言上。
○勅旨は宸翰として出され、三条輔相がこれを拝読した。
同五日
○例刻に出仕。
　○東京で山内容堂の家来の北代忠吉を当分東京外国官のお雇いにする。
右は十二月に命令済みである。
○お昼頃横井平四郎が居宅へ退出の折りに、刺客の襲撃に遭ってついに横死したようだ。福岡孝弟の家来が通報してくれたとのこと。このために議定参与退出の際には警護の者を呼びに遣わされるとのこと。
○京都府と刑法官の両官はそれぞれ急速に犯人特定の捜査にかかるよう命令された。

（1）「勅旨」の誤記。
（2）北代正臣（きただいまさおみ）、忠吉、土佐勤王党（『幕維人』三四三頁）。
（3）横井平四郎（よこいへいしろう）、小楠（しょうなん）、熊本藩。参与（『補任』一三六頁）。
（4）福岡孝弟（ふくおかたかちか）、土佐藩。参与（『補任』一三九頁）。

○右風聞被聞
召ニ付以近習御尋被成候事
○平四郎家来より負手疵致
死去候旨届出候事
右ニ付家来門人へ爲療養金被
下候事
同六日
○京都府調
柳田直蔵
右手負の上自害いたし懸居
夷川中町角中村ヤ梅方ニ倒居
召捕候よし
此直蔵ハ大和郡山出生
柳田房吉伜のよし

大炊御門(1)内
小和の多門
右手負人柳田直蔵過る四日の
夜止宿此者北野屯集廿四生郷

○この噂が天皇の耳に入り、近習の者を遣わされて、にお尋ねになられたこと。
○平四郎(小楠)の家来から、手疵を負って死去したとの届出があったとのこと。
これに対して家来門人に療養費を下されること。
同六日
○京都府の調べでは、
柳田直蔵
右の者は負傷したうえに自殺し損なって、夷川中町角中村屋梅方に倒れていたところを逮捕した由。
この直蔵は大和郡山生まれで、柳田房吉の伜と言うことだ。

大炊御門内の
小和の多門
右手負いの柳田は、去る四日夜多門に止宿。多門は北野に仲間と屯集した二十四人の郷

（1）公家、精華家。当主は家信（いえこと）(『人名』一七四－一七五頁)。

士磯田傳右エ門次男小和の
監物と称居候もの歟
　尾州名こヤ石川
　佐渡守家来
　加藤善二次男
　　加藤又之丞
右元北野屯集此度柳田直蔵
へ申かたらひ候もの加藤或加島
　十津川
縛　益田次郎
　前岡力雄
　中井刀祢尾
右両人ハかしわヤにて酒呑候由
益田申出候
○柳田直蔵懐中ニ平四郎奸悪
不逞挙候得共邪宗門をひらく
を主張いたしニ付
朝廷御用のもの恐入候得共不得
止加天誅候云々」実ニ思ひよらぬ

士の一人。磯田傳右衛門の次男で、小和の
監物とも自称している者か。
　尾州名古屋藩士
　石川佐渡守家来
　加藤善二次男
　　加藤又之丞
右の者も北野に屯集し、今度柳田直蔵と同盟
したもの。加藤とか加島とか称した。
　十津川
捕縛　益田次郎
　前岡力雄
　中井刀祢雄（とねお）
右の両人はかしわ屋で飲酒したと益田が白
状した。
○柳田直蔵の懐中に、平四郎(小楠)を奸悪
不逞と非難し、邪宗門を容認すると主張し
ているから、朝廷の役人で畏れ入る次第で
あるが、やむを得ず天誅を加えた云々の斬
奸状があり、実に想像もできない疑念から

疑念より令横死不便（ママ）也
○平四郎へ葬式被下候事

同七日参賀
○白馬節会交代侍坐
○軍刑京府三ヶ局へ横井横死
ニ付御布告有之事
同八日参
○横井一件ニ付被召捕候人名
丸太町間の丁　十津川角
吉田数馬宅ニ而召捕　益田二郎
縛　元郡山　柳田猶（ママ）蔵
手負　十津川　前岡力雄
△中村（ママ）刀祢（ママ）雄　同　△中村刀祢雄
同　松本某
元石河佐渡守家来　鹿島又之丞
大炊御門内家来　小和の監物
吉田数馬
○十津川郷士へ御沙汰右ニ付軍刑京

暗殺され、不憫なことである。
○平四郎の葬式代を下賜された。

同七日 参賀。
○白馬（あおうま）の節会（せちえ）、交替で侍座した。
○横井暗殺犯人の捜査を軍務官、刑法官と京
都府に対してご下命があった。
同八日 出勤。
○横井一件で逮捕された人名。
丸太町間の町　十津川かど
吉田数馬宅で捕縛　益田二郎
縛　元郡山　柳田直蔵
手負い　十津川　前岡力雄
同　△中村刀祢雄
同　松本某
元石河佐渡守家来　鹿島又之丞
大炊御門内家来　小和の監物
吉田数馬
○右に関連して軍務、刑法官と京都府から十

府へ心得被仰付候事
同九日
○松江家来雨森謙三[1]来越傳書
○例刻参
同十日参
○三條去る七日鳥羽着十三日京着のよし
○補相[ママ]より以後弥御大事ニ付心付段々
申合當今急務申出候様以ケ条
被申聞候事
同十一日休
同十二日
○補相[ママ]へ仙内情申置候事
○後藤[2]副島[3]下東御沙汰
○大隈[4]會斗兼勤御沙汰

○御神楽侍坐　クジ頂戴
同十三日参
○三條着参　内
○長州より燈明臺下関へ被建

津川郷士に説諭を仰せ付けられた。
同九日
○松江藩士雨森謙三郎が書簡を持ってきた。
○定刻に参官。
同十日 出勤。
○三条は七日鳥羽着、十三日着京とのこと。
○輔相から今後いよいよ重大な時期を迎えるので、よく相談して現今の急務を個条書きにして申し出てほしいとのこと。
同十一日 休み
同十二日
○輔相に仙台藩の状況を報告しておいた。
○後藤象二郎と副島種臣に東京出張の命令。
○大隈は会計官も兼任の辞令。

○お神楽を天皇に侍座して見る。籤を頂く。
同十三日 出勤。
○三条輔相が東京から入洛、参内す。
○下関に灯台を長州藩の独力で建設したいと

（1） 雨森謙三郎。松江藩儒者（「松江藩」九二頁）。
（2） 後藤象二郎（しょうじろう）、土佐藩。参与。慶応四年七月大阪府知事、明治二年二月大阪府知事被免（『百官 一』七八―七九頁、「解説 一」）。
（3） 副島種臣（そえじまたねおみ）、二郎、佐賀藩。参与（『補任』二五頁）。
（4） 大隈重信（おおくましげのぶ）、八太郎、佐賀藩。参与、外国官副知事（『史要』一一八頁）が貨幣改革も担当、正月十二日会計官兼勤（『百官 一』六六頁）。

候ニ付以自力取建度願御聞
届相成候事
○尾州議定[1]黒田下野[2]文学
引受決議
○御神楽侍坐常御所御前ニ而
鬮にて短尺懸頂戴
同十四日参
岩補（ママ）より段々被申出候次第有
之ニ付以所労[3]補（ママ）議[4]共被辭（ママ）
表被差出候上ハ於
上ノ補（ママ）ハ被免議を可被
仰付事
同望参
○東久より過ル八日立返事来着
○横井殺害の人体（にんてい）六人の内
土屋延雄[5]
昨夜中捕獲のよし刑法官
○於御馬場拝
龍顔天酌頂戴御乗馬御相

の同藩の願いをお聞き届けになられた。
○徳川慶勝、黒田長知に儒教など伝統学問の調査研究を依頼することを決議した。
○常御所でお神楽に侍座し、御前でクジを引き短冊掛けを頂戴した。
同十四日 出勤。
岩倉輔相から、だんだん申し出られた次第で、体の不調があるとして、輔相、議定ともに辞表を提出された以上、上役の輔相は免ぜられても、議定は仰せ付けられるべきだ。
同十五日 出勤。
○東久世から去る八日発の返事が来着。
○横井殺害犯のやから六人のうち
土屋延雄
昨夜中に刑法官が逮捕したそうだ。
○馬場で天顔を拝し、ご乗馬のお相手を勤めたら、天酌まで頂戴した。

（1）尾張藩隠居、徳川慶勝（とくがわよしかつ）。明治二年三月から五月まで議定（『補任』一三八頁）。
（2）福岡藩世子黒田長知（くろだながとも）（『補任』二二五頁）。
（3）岩倉は病気を理由に辞表を出したが（『岩倉 中』六六三頁）、宗城はそれを疑っているようだ（日記正月二十一日、「解説 二」）。
（4）輔相も議定も。
（5）横井の首を刎ねた津下四郎左衛門（つげしろうざえもん）、備前在浮田村里正の子（『鷗外歴』一三四頁）。

手申上候事
○岩倉辞表後更ニ正二位大納言被任以
思召本座之儘議定第一等補相之心得ヲ以云々被
仰出候得は奉命可被申處ニ内密落意候事
同既望参
○於東京正月七日再度東幸云々發表有之候ニ付早々御布令相成候處ニ被申談候事
同十七日
○岩補辞表如昨議被爲召被　仰出候事(1)
○有栖川近衛前左(2)三條西飛鳥井冷泉
追而可被改候得共當分右五家へ相談可有之事(3)

○岩倉が辞表を出したあと、天皇のご希望により、さらに正二位大納言に任ぜられた。この官位でトップの議定として、輔相の心構えで励むようにとのお沙汰なので、奉命せざるをえなくなり、内密裡にこの線で落着したのである。
同十六日 出勤。
○東京で正月七日ふたたび東幸があるとの発表があったので、京地でも早々ご布告をするように話し合われた。
同十七日
○岩倉辞表問題は一昨日の議論に則って、本人を呼び出したうえで仰せ付けられたこと。
○有栖川宮、近衛前左大将、三条西、飛鳥井、冷泉。
追って変更になるはずだが、それまでは右五家に相談するべきこと。

(1) 一月十七日岩倉は輔相を辞任し、三条が輔相として残った(『史要』一一九頁)。
(2) 前の左近衛大将、近衛忠房(このえただふさ)。
(3) ご東幸中は何かあればこの五家と相談。

同十九八日参パ[ママ]
◎當春再度東
幸ニ付四月中旬大小藩東京へ
参着可致旨御布告有之
事
○補[ママ]相より各国公使へ
立皇布告ニ付花押相廻候様
申来候ニ付東久へ一封遣ス
○明日より九字参候様決ス
同十九日参賀
○舞御覧女房奉書到来
○小御所鶴南殿舞見物酒
饌拝味
○真田志摩(1)一條家縁談相談
諏訪末家一件御東
幸供奉願談ス
○佐原志賀之助(2)エゾ地(3)十藩代
申出候
○五代(4)兵権帰政論サツ長土決ス

同十八日 出勤。
◎当春再度の東幸なので、四月中旬までに大小の藩主は東京へ参着すべき旨ご布告があった。
○立皇后ご布告を各国公使に通達する文書に花押をするために、回達するようにと三条輔相が言ってきたので、東久世に手紙を出した。
○明日からは九時に出勤すると決した。
同十九日 参賀。
○舞ご覧の案内が女房奉書で到来した。
○小御所鶴南殿で舞見物。酒饌も拝味した。
○真田志摩から真田家と一条家の縁談の相談あり。諏訪末家の一件、ご東幸供奉願いについて話す。
○佐原志賀之助が蝦夷地十藩代を申し出た。
○五代らが主張する版籍奉還論に薩長土が踏

（1）宗城長男の真田幸民（さなだゆきもと）が藩主の松代藩家老。
（2）箱館府から蝦夷開拓御用掛として開拓使へ出向（「北史料」）。
（3）北海道は蝦夷地と和人地に分かたれていた。
（4）五代才助（ごだいさいすけ）、友厚（ともあつ）。外国官権判事兼大阪府判事（『百官』四七四頁）。

賀州姫路大垣同断
◎有川矢九郎(1)横スカ用懸合
有之故早々東下申付着候ハヽ
用懸可申付事
同廿日参
○鍋島黄門よりサツ長より
朝廷へ建白之儀ニ付相談有之
肥前も同意の処御知己ニ付一應
内示之由書面被見(ママ)(2)交情感
銘書面感服同意ニ付
早々宇和島へ申遣及建白度
と謝詞旁申述候事
○右ニ付越申合大久保(3)廣澤(4)へも
同意之趣両旧藩(5)へ申通
度頼置書面ハ越より相廻候約
束いたし候也
○議事決着
　○御再幸三月上旬
○各国使節支那同断

み切った。加賀、姫路、大垣も追従。
◎有川矢九郎は横須賀製鉄所とも関わりがあるので直ちに東下を命じ、到着次第ご用掛を申し付けるべきこと。
同二十日 出勤。
○鍋島閑叟から薩長が朝廷に建白する版籍奉還の件について相談があり、佐賀藩も同意なのだが、知己の間柄として一応書類を内々見せてくれた。彼の情誼に感銘し、書面にも感服、同意なので、早速宇和島へも申し遣わし建白に及びたいと、謝辞かたがた申し述べた。
○この問題で越前の春岳と話し合って、大久保と広沢へも同意の旨を伝え、両旧藩にも通知するように依頼、書面は春岳から回すと約束した。
○朝廷の議事は次のように決着した。
　○ご再東幸は三月上旬。
○各国へ使節、支那にも同様に

（1）有川矢九郎（ありかわやくろう）、薩摩藩。三邦丸、胡蝶丸船長（『遠い崖』一一九－一二〇頁）。慶応三年西郷・吉井は三邦丸で来宇。

（2）披見。

（3）大久保一蔵（おおくぼいちぞう）、利通（としみち）。

（4）広沢兵助（ひろさわひょうすけ）、真臣（さねおみ）。

（5）薩摩藩と長州藩。

【史料及び現代語訳】御日記「備忘」明治二己巳暮春より

外国へ　○商
○□政司(1)　開拓司
　右被相備候事
○三條より東京へ持参書付
被相渡候事
同廿一日休
○岩卿参与官位如何
○三條へ七(ななつ)後参候事(2)
○鶴堂(3)上京一件　○閣議
○島(4)　○澤(5)
◎御船用意之事
◎岩倉被免候意味
同廿二日参
○国邑返上(6)建白
　廿日出ス　毛利
　島津
　鍋島
　山内

その他外国へ通知。　○商
○通商司　開拓司
　右の新役所を設けること。
○東京へ持参する書類を三条輔相から渡されたこと。
同二十一日休んで三条に会った。
○岩倉卿は参与となるが、官位はどうなるのか。
○三条輔相に四時過ぎに出向いた。
○確堂上京の件　○閣議での問題
○島義勇　○沢宣嘉
右の諸件について三条に意見を述べた。
◎ご東幸の汽船用意のこと。
◎岩倉輔相罷免の本当の意味は何か。
同二十二日出勤。
○版籍奉還建白が二十日に出た。
　出した藩は　長州　毛利
　薩州　島津
　佐賀　鍋島
　土佐　山内

（1）通商司か。
（2）京都が大混乱で難を避けるため岩倉が保身の辞表を出し（「解説二」）、東京から三条が帰洛。この日待ち構えていた宗城は、三条と会談。閑叟がらみで島を蝦夷地へ推薦したり、沢の登用を進言したりしたのではないかと推察される。
（3）松平斉民（まつだいらなりたみ）、確堂（かくどう）、津山藩隠居。徳川家門であったが勤王で藩論統一。
（4）島団右衛門（しまだんえもん）、義勇（よしたけ）、佐賀藩。蝦夷地樺太探検。七月、開拓判官（『百官二』三七八頁、『日近履』二六三頁）。
（5）沢宣嘉（さわのぶよし）、左衛門。公家、沢為量（ためかず）養子。

○澤左衛門上京御沙汰
○賞功典密議
京都府にて召捕左之通
達ス
　　　鹿島又之丞
　　　上田立夫（りっぷ）
右高や山(1)上之□旅籠やにて
召捕
　　　前岡力雄
○村　中井刀祢尾
右十津川(2)へ潜居先爲周旋罷
在候旨ニ付捕亡(3)人数差向候由
同廿三日参
○御講釈始
○唐橋在光(4)女十四内侍被召遣候事
○確堂御着
輦迠ハ只今之儘ニ而可然由
○越邸藩士帰朝の相談
同廿四日参

○沢左衛門に上京のお沙汰が出た。
○戊辰の役の賞功額を密議した。
京都府が左の小楠暗殺の犯人を逮捕したと通知してきた。
　　　鹿島又之丞
　　　上田立夫
右の者共は高野山上の旅籠で逮捕した。
　　　前岡力雄
○村　中井刀祢尾
右の者共は十津川の潜居先を斡旋したかどで、逮捕官をさし向けた由。
同二十三日 出勤。
○天皇へのご講義が始まる。
○在光の十四歳の娘が内侍（ないし）として召し遣わされた。
○確堂は天皇が東京に着御されるまでは、ただ今のままでよいとのこと。
○越前邸の藩士を帰朝させる相談あり。
同二十四日 出勤。

---

(6) 版籍奉還。

(1) 高野山。

(2) 奈良県山中の十津川郷。頑迷な勤皇の郷士を多く出した。

(3) 明治初年に設けられた逮捕のための判任官（『捕亡人』）。

(4) 唐橋在光（からはしありてる）、公家（『人名』二九八頁）。

○和歌御會始有之(1)
○一昨廿二日宗對馬守留守居より大阪邸へ米コンシュル来り主人へ面談申度由ニ付在国と答候処重臣ニ逢度よしにて伺出候故公用ナラ外国官へ可申立候自分用事なら重臣モ用向にて在京故得不致下阪旨爲答可然と申聞候也
○三月上旬再御東幸伊勢へ御立寄可被爲　在旨御決定
御製
　春風来海上
千代よろすかわらぬ春の
　しるしとて
　海辺をつとふ風そのとけき
同廿五日参
○一昨（ママ）廿四日御沙汰

○和歌御会始めがあった。
○一昨二十二日対馬藩の留守居の話に大阪邸に米国領事がきて、主人に会いたいというので、国に帰っているというと、重臣に会いたいというので、公用ならば外国官へ申し立てるべきで、私用なら重臣は出京中で下阪はしないと答えさせた。それで宜しいと、申し聞かせた。
○三月上旬再ご東幸の際、伊勢神宮にお立ち寄りあらせられるべき旨ご決定。
御製
春風来海上
千代よろすかわらぬ春の
　しるしとて
　海辺をつとふ風ぞのどけき
同二十五日 出勤。
○昨二十四日お沙汰

（1）宗城は「幾ちよもはてしらなみのもしほ路を分來し春のかせそのとけき」と詠んだ。

毛利
島津
鍋島
山内

今般其藩々上書之趣土地人民版籍奉還可致之旨全忠誠之志深
叡感被思召候尚東京
御再幸之上會議ヲ歴公論を被爲盡何分之御沙汰可被爲在候得共版籍之儀ハ一應取調可差出旨被
仰出候事

○明後廿七日御前へ出候様補（ママ）相より被申聞候事

○島へ参り候

同廿六日

○大阪より昨夜三時限之状五代西園寺[1]より到来此両三日当地より

毛利
島津
鍋島
山内

今般右諸侯建白の土地、人民など版籍を奉還の趣旨は、まったく忠誠の深い志から出たものと叡感思し召されている。なお東京へご再幸のうえは、会議を経て公論を尽くさせ、何分のお沙汰があらせられるべきだが、版籍のことは一応取り調べて、差し出すべき旨を仰せ出された。

○明後二十七日御前に出るようにと輔相から申し聞かされた。

○島義勇に蝦夷問題を話に行った。

同二十六日

○大阪の五代、西園寺から昨夜三時限りの書状が到来して、この二、三日除隊後の浮浪の

（1）宇和島藩士西園寺雪江（ゆきえ）（松田覚助〈かくすけ〉）、宗城側近。

【史料及び現代語訳】御日記「備忘」明治二己巳暮春より

浮浪徒(1)五十人斗下り坂府(ママ)
神戸辺外国人ヲ暗殺亦居留
地ヲ焼拂可申との流説有
之夫々手當ハ致候得共取締之
御處置候様申越補(ママ)相へ相
廻候事
同廿七日参
○御楽始有之
○浮浪解隊之者一件岩卿ニ而巨
魁ヲ召集致説得候心得のよし
同廿八日遅参
○過ル十九日發東久世達ニ新
潟不都合一件(2)申来候事
○會伏降人加藩始へ御預の事
○於御前御品拝領
○サツ長従来被賞功労
勅使ヲ以官位可被
仰出事
○長門(3)御暇大久保暫時同前(4)

徒五十人ばかりが、京都を発ち大阪、神戸辺の外国人を暗殺し、居留地を焼き払う計画があるとの流言があり、それぞれ手は打ってあるけれど、政府としての取締りのご処置をなさるようにと言ってきたので、輔相に連絡した。

同二十七日 出勤。

○雅楽始めがあった。

○解隊浮浪兵の件は、岩倉卿が指導者を呼んで説得する方針とのことだ。

同二十八日 遅れて出勤。

○去る十九日発の東久世からの通達で新潟不祥事一件を報告してきた。

○会津降伏人を加賀藩などへ大名預りとする。

○御前でお品を頂戴した。

○薩長のこれまでの功労を賞されて、勅使をもって官位を下されると仰せ出された。

○長門守元徳にお暇(いとま)、一蔵にも暫時同様。

(1) 尊攘派の解隊兵士などが浮浪化して不安をあおった。

(2) 米不足によるトラブルか（「新津留」）。

(3) 毛利元徳（もうりもとのり）。六月から長州知藩事（『補任』二二七頁）。

(4) 二月一日の勅使下降に関連した準備。

同廿九日不参
○仙台人四名来り陳情
同卅日参
○東京廿五日立東久状達ス
△壱分銀之事ニ付鷹取新作[1]来候事
△東京へウリス[2]雇ニ付ホートイン[3]下東申而ハ不都合のよし
◎議事中
△外国人雇入尓後猥ニ不相成且今日雇有之人々名元輔相にて承度よし

仲春朔日参賀
○土州より容堂モ在東故土佐ハ殘候様いたし度仍越始宇も同様ニ付[4]談度よし
○御對面御品頂戴
○午後岩倉邸へ参

同二十九日 不参。
○仙台から四人が陳情に来た。
同三十日 出勤。
○東京二十五日付東久世書翰到来。
△一分銀の件で鷹取春朔が釈明に来たこと。
△東京で英医ウィリスを雇ったので、蘭医ボードウィンが東下するのは不都合の由。
◎廟議事項
△外国人雇用を今後はみだりにしない。かつ今日雇用している人々の名前を輔相が知りたいとのこと。

二月一日 参賀。
○土佐藩から、東幸があっても、容堂が東京にいるので土佐は京に残りたく、越前や宇和島も同様故相談したい由。
○天皇にご対面のうえお品を頂戴した。
○午後岩倉邸に参上した。

（1）鷹取春朔（たかとりしゅんさく）、東京貨幣司知事（「貨幣司①」一九七頁）。戦費調達のため劣悪一分銀、二分金を鋳造（「解説 一」）。
（2）ウィリアム・ウィリス（William Willis）。英国大使館員、医師。慶応二年宇和島に来た（『ウィリス』三〇七－三〇八頁）。
（3）アントニウス・フランシスクス・ボードウィン（Anthonius Franciscus Bauduin）。オランダの医学者。幕末、明治初年の医学教育に多大な貢献をした（『洋史典』六五八－六五九頁）。
（4）宗城は京都にいて、汽船で東下。

○容堂盡力
○局之結構會斗(かいけい)(1)の
不足より不平にてハ不宜
森金之允(2)へ可談
○薩長勅使(3)
一積年之功労
二尓後弥　朝廷の爲盡
力之事
三御親　臨大基礎を
被定候ニ付東京可出
同二日
○九字發靭(4)十二字淀着無程
令出船候六時着阪(5)
○府判事より象次郎御用片付(6)
兼候故五日の乗船願出聞届
同三日
○東久世大夫来ル十日より陸行決ス
同四日滞坐(ママ)舎密局(7)梅林見物

○容堂の尽力。
○公議所の構成が会計不足のため森などが不満のようでは良くないので、議長心得予定の森金之丞へ話す必要がある。
○薩長への勅使派遣の意味は、
一積年の功労を賞する。

二今後もますます朝廷のために尽力すること。

三天皇がご親臨されて、わが国の大基礎を据えられるのだから、毛利敬親と島津久光は東京に出るべきだ。

同二日
○午前九時に京都を出発して十二時に淀着。程なく出船させ、午後六時に着阪した。
○大阪府判事から後藤象二郎はご用が片付かず、五日の乗船を願い、聞き届けた。
同三日
○東久世大夫は十日に陸行と決定。
同四日 大阪滞在。舎密局に行き、梅林も見物。

（1）三月七日発足（『天皇紀二』七〇―七二頁）の公議所。公議重視の宗城は予算の心配をしている。
（2）森有礼（ありのり）、金之丞。薩摩藩。三月公議所議長心得（『日近典』五二二頁）。
（3）内戦後の混乱に終止符を打とうと、敬親・久光・西郷隆盛の上京を促す勅使。
（4）「発軔（はつじん）」（出発）の誤字。
（5）宇和島藩邸の見送りも吉田藩主伊達宗敬（むねよし）は謹慎中で見送り遠慮。
（6）長岡右京一件（「解説二」およびその注〈22〉）の処理に追われていたか。
（7）理化学教育を目的とした大阪舎密局（せいみきょく）、後の第三高等学校（『洋史典』一〇七―一〇八頁）。

同五日
○行政官より條約改定御委任状
来ル右ニ付徳大寺(1)へ及書通候
○十二字出立
○三岡大阪知府事兼勤被
仰付候ニ付判事始甚痛心(2)の由
ニ付補相（ママ）へ及文通候事
○五時乗サルテン　船将デンテス
○五字七分過出船七字一分前神戸
夜十二字出船
同七日航海逆風怒浪
同八日昨夜より風雨下田手前テヤミ
今朝三保へ投錨十二字晴
同九日
八時前發清水港夜九字碇
横濱
同十日
○昼二字出船四字着品川海
里数英法(3)

同五日
○行政官から条約改定の委任状がきたので、徳大寺に書翰を出した。
○十二時に出立した。
○三岡八郎が大阪知府事兼勤を仰せ付けられたので、判事たちは非常に心配とのことなので輔相へ文通に及んだ。
○五時サルテン号に乗る、船将はデンテス。
○五時七分すぎ出港、七時一分前に神戸。
夜十二時神戸を出船。
同七日　逆風、怒濤で難航。
同八日　昨夜よりの風雨が伊豆下田手前で止み、朝駿河三保へ投錨。十二時に晴れる。
同九日
八時前清水港を出船、夜九時横浜に碇泊。
同十日
○昼の二時に出港、四時品川着。
里数を英式の海里（マイル）で表記すると、

（1）徳大寺実則（とくだいじさねつね）、議定（『補任』一三七頁）。公家議定の実力者、宗城とは関係がよかったようである。

（2）三岡財政に危機感を抱いていた外国官の五代、大隈らは別の道を模索していた（「解説 一」）。

（3）日本郵船編 "Distance Table Guide" によると、神戸→江尻は三二五、江尻→横浜は一一六海里。

【史料及び現代語訳】御日記「備忘」明治二己巳暮春より

神戸より江尻沾　三百七十四リ
江尻より横濱沾　百五リ
横より品沾　十二リ
同十一日
○十二字軽舸に乗二字金松へ
着三字着邸(1)
辰十二月三日御沙汰有之由
○諸侯嫡子官位不被下事
但補相(ママ)(2)評決も無之如何シテ
布告相成候や一應被承度由(3)
○御再行布告モ如何やシテ出シ候や(4)
○廢關(5)之事
○吉井(6)左衛門督(7)
右両条ハ御着
輦沾可見合事
○箱館役人之事
同十二日(8)
一京九日立達

神戸から江尻まで　三百七十四里
江尻から横浜まで　百五里
横浜から品川まで　十二里
同十一日
○十二時に小船に乗り二時に金松着。三時に
東京での宿にしていた吉田藩邸に着いた。
昨年十二月三日に次のお沙汰があったようだ。
○諸侯の嫡子には官位を授けないとのこと。
ただし輔相は、評決もないのになぜ布告
したのか一応確認してほしいそうだ。
○東京再行幸布告手続も正規に則っていたか。
○全国の関所を廃止する件。
○吉井幸輔と壬生基修のこと。
右の二件は鳳輦の東京
着御までは見合わせること。
○箱館に派遣する外国官役人を決めること。
同十二日
一京都からの九日付の達しでは、

---

(1) 波線の前は革帳F、以後が紙本Hによる（「解題」）。
(2) 三条か、岩倉か。明治二年正月十七日以降は岩倉は輔相を辞任（『補任』一四〇頁）。
(3) 戊辰十二月三日の「諸侯嫡子ノ廕補（いんほ）ヲ停ム」（『史要』一〇九頁）に諸侯が反発。
(4) 保守派の強い反発と抵抗があった。
(5) 関所の廃止。
(6) 吉井友実（よしいともざね）、幸輔。薩摩藩。軍務官判事（『百官 上』四四〇頁）。西郷隆盛と明治三年に来宇。
(7) 壬生基修（みぶもとおさ）、左衛門権佐（ごんのすけ）から右近衛少将。第二次越後府知事（『百官 下』四七一－四七二頁）。

○奥羽諸藩罪魁割腹之
　處置亦被
　仰出候迠見合候様申来
○越後府知事壬生判事
　坂田潔(1)随従急下向之筈
○町田民部(2)當分新潟へ遣度
　由ニ付尚申遣候

同十三日

一上野焼失寺院へ昨年賣拂
代金丈清雲院へ會計より相渡
夫々配当可爲致且明日より開山門
諸人見本(ママ)ニ出候都合取斗候事
一備前侍従(3)より去冬大赦之時賊
之内十一度背法之者有之候處
赦之内へ入候ニ付東京府より及不審
心付~~出松田~~中島(4)青木(5)専ら取斗
備前(6)も書面致一覧不心付甚恐
入進退可相伺や内談也事実ハ
いまた(ママ)處置ハ不致由ニ付不及進退

○奥羽諸藩反乱の首魁を切腹させる処分は、改めて発表があるまでは見合わせるように連絡があった。
○越後府壬生新知事が権判事坂田諸潔を伴って急いで越後に向かう予定だ。
○町田民部を当分新潟へ派遣したいとのことなので、そのように連絡した。

同十三日

一上野戦争で焼失した寺院には、昨年売却した代金だけを会計から清雲院へ渡し、それぞれ寺院に配らせること。かつ明日から山門を開いて、人々が見に来れるように取り計らうこと。

一去冬の大赦の際に、十一回も不法行為を行った賊を大赦の対象にしていたのを東京府が不審に思い、過ちに気づいた。中島と青木の刑法官幹部がもっぱら処理にあたり、池田副知事も書類を見ているのに気づかず、非常に恐縮して進退伺の内談があった。実際はまだ未処置の段階なので進

---

(8) 一一一頁、補注［1］。

(1) 坂田諸潔（さかたもろきよ）、高鍋藩。越後府権判事。米沢藩の降伏に貢献（「泊園書院人物列伝」、『幕維人』四三七－四三八頁）。『木孝日 二』一七四頁でも「坂田潔」。
(2) 町田久成（まちだひさなり）、薩摩藩。外国官判事（『百官 上』二五一頁）。
(3) 岡山藩主池田章政（いけだあきまさ）、刑法官副知事（『補任』一四六頁）。
(4) 中島錫胤（なかじまますたね）、徳島藩。刑法官判事（『補任』一四七頁）。
(5) 青木信寅（あおきのぶとら）、尾張藩。この年八月から刑部大丞（『補任』一六〇頁。
(6) 池田章政。

伺にハ不及と議決
○東京府判事北島[1]へ浮浪徒
御處置之儀申置候徳氏倍卒（ママ）
六七百人有之無依頼候よし
同十四日
○織田壽重丸[2]家来歎願
同姓賢司
上の事件日光門主慕跡奥行
亦天童へ参候由本家にて禁固仰
天裁候由届出候
同十五日
○南貞助[3]箱館参候ニ付孛艦
ハイヨー雇入一ヶ月八千弗一日二百五十弗
會斗より出金之儀軍務申出候
○戸田三郎四郎[4]觸下[5]青木源之進聟
養子願候処次男迠有之娘両人ハ
買女[6]ニ遣候よし刑法官へ吟味
○諸侯十五歳加冠[7]より五位被
叙候事京より申来候也

退伺の必要はなしと議決した。
○東京府の北島判事に浮浪人の処置について手を打つように言っておいた。幕府雑兵の六、七百人が寄る辺がないということだ。
同十四日
○織田天童藩主の家来が歎願に出た。同族の賢司は上野の輪王寺宮法現法親王を慕い陸奥へ行っていたが、また天童へ帰って来たとのこと。本家で禁固しているので天朝の裁きを頂きたいと届け出た。
同十五日
○南権判事の箱館出張のためにプロシア艦ハイヨーの借用費用一カ月八千弗、一日二百五十弗を会計官が支払うと軍務官が申し出た。
○戸田三郎四郎の触下青木源之進は婿養子を願い出たが、次男まであるうえに二人の娘を遊女にしている由。刑法官で調査を。
○藩主嫡子は十五歳で元服、かつ官位五位を下されるとの通達が京都からあった。

（1）北島秀朝（きたじまひでとも）、水戸藩。東京府判事（『補任』一四三頁）。
（2）織田寿重丸（おだすへまる）、明治二年に三歳。天童藩主（『補任』三〇〇頁）。
（3）南貞助（みなみさだすけ）。外国官権判事（『叢書⑤』三頁注〈3〉）。高杉晋作の従兄弟。箱館府の外国事務取扱（『大外文二ノ二』一三〇頁）。
（4）人物を特定できない。
（5）触頭（ふれがしら）からの法規・命令を下達する者や組織。
（6）「売女（ばいた）」の誤りか。
（7）元服。昨年十二月三日のお沙汰（二二頁）が取り消されたか。

同十六日
○寺島(1)より書状一分銀之事(2)ニ付英公使致應對来ル十七八日の内ニ当地参候よし申越候間大隈(3)不日可参其上ナラ御事(ママ)コクワカ分候故爲知可申其時迠待候様返事爲致候事(4)
同十七日
○正三門戸(5)へ上下野総(6)百姓より知縣事柴山(7)之事不平申出候
○二月七日盛岡出張林半吉(8)より国民共より国替不相成様歎願差出度旨申出終に不致落意候故受取候由申越候事
同十八日
○吹上御庭来ル廿三日より廿五日迠東京府下町人拝見被
仰付候事申達ス
○雪爪(9)着青松寺(10)へ着座
同十九日

十六日
○寺島判事から書状で、悪貨一分銀について来る十七、八日のうちに英公使が神奈川に交渉に来ると連絡があり、大隈副知事が近日中に帰るので、その後なら詳細もわかるから、通知するまで待つように返事をさせた。
同十七日
○正親町三条の門戸に(張り紙をして)安房(あわ)・上総(かずさ)総百姓の名前で柴山典県知事について不平を申し出た。
○二月七日に盛岡出張の林半七から盛岡藩人民が国替えにならないよう嘆願書を出したいと申し出て、説得にも応じないので受理したと報告してきた。
同十八日
○吹上庭園をきたる二十三日から二十五日まで東京府下の町人に見学を仰せ付けられたことを申し達した。
○鴻雪爪が東京に着き青松寺に着座した。
同十九日

（1）寺島宗則（てらしまむねのり）（松木弘安）、神奈川県知事兼外国官判事。四月から外国官副知事（『補任』一四六頁）。
（2）一一一頁補注［2］。
（3）大隈重信（一一一頁補注［3］）。
（4）二月二十一日パークス・寺島会談がもたれた（『大外文二ノ一』三三四―三三六頁）。悪貨幣については「解説 一」。
（5）正親町三条実愛（おおぎまちさんじょうさねなる）、議定。この年五月より刑法官知事（『補任』一四六頁）。
（6）「安房上総」の誤り。
（7）柴山典（しばやまてん）、久留米藩尊攘派、宮谷（みやざく）県知事（『補任』一七八頁）。宮谷県は安房・上総を管轄し、上下野州と

~~○長野半次郎跡目願養祖父~~
~~八郎右衛門死次男長~~
○高二十五俵　町の隼人觸下
長命半次郎
十九才
養祖父八郎右衛門死次男
叔父　長命半六
三十
右跡目願出候処異例ニ付与篤体
裁被定候上にて可然
同廿日
○沼津より版籍返上願立候事
○米人フルベッキ(1)コスタリカ便にて到
着す　開成所居留
○ウエンリード(2)よりショカクボー(3)一ツ贈
越何等之廉ニ候や趣意不相
分且彼不正之儀不少近日及
懸合候時合旁家老名
當を以令返却候事

○扶持高二十五俵の町の隼人の触下
長命半次郎
十九歳
養祖父八郎右衛門死亡
次男である叔父長命半六
三十歳
の跡目にしたいと願い出たが、異例のことなので篤と仕来りに合うかどうか定められたうえで許可するのがよい。

同二十日
○沼津藩から版籍奉還願が出た。
○米国人フルベッキがコスタリカ船便で到着した。開成所に居留する。
○ヴァン・リードが正覚坊一匹贈ってきたが、どんな魂胆か趣意がわからない。不正の多い男だから、近いうちに交渉の際に家老の名前で返却させよう。

は無関係。記事はいわゆる宮谷騒動の発端か。

(8) 林友幸（はやしともゆき）、半七、長州藩。盛岡藩大参事、この年八月から九戸県権知事（『補任』一八二頁）。

(9) 鴻雪爪（おおとりせっそう）、松平春嶽の禅師。仏教界擁護に力を貸した宗城と関係があったか（「永平寺」、『明国学』一四五―一五一頁）。

(10) 芝愛宕曹洞宗萬年山青松寺。長州、土佐藩士などの菩提寺。

(1) グイド・ヘルマン・フリドリン・フェルベック（二一頁補注［4］）。

(2) ユージーン・ヴァン・リード（二一頁補注［5］）。

(3) 「正覚坊」、青海亀。

同廿二日
○御布令(1)事件議参にてハ
廟堂にて發表前致承
知候事故別段辨事より
不及廻示欤
○南部藩(2)版籍返上之願
此節差出度由且爲取締
帰邑願度
○脇屋省輔出役願候事
○仙屯兵藝藩ノ事(3)
○英公使明日是非〳〵爲面會出候
よし申来ル(4)
○~~土手~~（土方）(5)（ママ）方持参書付の内
○箱館府判事壱人ハ
京撰一人ハ東京撰申来(6)
○明日第三八字英公使假館へ
可参赴申遣候
同廿卅三日
○松村慶之助刑法官ニ而吟味中也

同二十二日
○布令される案件の内容は議定や参議はすでに発表前に廟堂で聞いているので、別に弁事からの回達は不要なのではないか。
○今度南部藩も版籍返上願を差し出したいとのことである。また旧藩の動揺を抑えるために藩主が帰国を願っている。
○脇屋省輔が本役以外の出役を願うこと。
○仙台へ進駐するのは安芸藩となる。
○英公使が明日どうしても会いたいので横浜から出てくると連絡があった。
○土方弁事が持参した書類では、
○箱館府判事の一人は京都で選出し、一人は東京で選ぶと報告してきた。
○明日午後三時英国仮公使館へ行く予定を連絡させた。
同二十三日
○松村慶之助を刑法官で取り調べている。

（1）二十四日に東幸中太政官を東京に移し、西京には留守官をおくと布告（『史要』一二八頁）。それが物議をかもしたか。
（2）盛岡藩主南部利剛（なんぶとしひさ）。明治元年領地没収、白石へ転封（『補任』二三八―二三九頁）。
（3）いわゆる仙台騒擾を長州藩士の指揮下、広島藩兵六百人の威圧で鎮圧（「仙騒擾」九―一四頁）。
（4）パークスから宗城への面会要請の書簡が来たのは二月二十一日（『大外文二ノ一』三三五―三四〇頁）。会合が持たれたのは二十四日。通貨戦争の開始だった（「解説 一」）。
（5）土方久元（ひじかたひさもと）、土佐藩。弁事（『補任』一四二頁）。
（6）判事を別々に選任す

【史料及び現代語訳】御日記「備忘」明治二己巳暮春より

○岩状[1]之内
一凡三月廿五日より四月二十日中廿五ケ日
之間東西百官大ニ議シ
皇國御基礎ハ爰（ここ）ソト條目
ヲ定ムルノ事[2]
一四月廿一日より御下問[3]大小名同月
中可否之上五月早々
宸断御決定ニテ大小名始御暇
被下故ニ~~被下故~~ニ（ママ）集會素より四
月中旬中ト被定候ハ無益之費
ナキタメ也
○三字後英公使應接
同廿四日
○外国官へ参集三字英公使ニ
應接
○衛門今日吹上御庭拝見出候処半蔵門口
群衆之処開門ニ付我先ニと入込
候ニ付大混雑其内倒候もの有之
發聲号泣スル時番人抜刀前

○岩倉の書状では、
一おおよそ三月二十五日から四月二十日までの二十五日の間、東西百官が大いに議論し、皇国のご基礎はこれだとする条目を定めること。

一四月二十一日からご下問があり、大小名はその答案を四月中に出し、五月早々に宸断ご決定なされて、大小名などにお暇を下される。集会を四月中旬と定められたのは無益の出費をなくすためである。
○三時過ぎに英公使に応接する。
同二十四日
○外国官へ参集し、三時に英公使に応接した。
○衛門が今日吹上御苑を拝見に出たところ、半蔵門口に群衆が集まり、開門で我先にと大混雑。転倒するものが大声で泣き叫ぶので番人が抜刀して、群衆は前後進退に窮し

るのは、京都と東京の軍務官に対立があったことを想起させる（『叢書⑦』八一頁）。
（1）岩倉具視（いわくらともみ）。この時岩倉は議定職のみ（『補任』一四〇頁、『百官 一』三一頁）。
（2）天皇の諮詢に先立って岩倉は外交、財政、蝦夷地について建白書を出した（『実記 中』六九六－七〇四頁）。
（3）四月二十二日から二十八日まで天皇のご下問があった（『史要』一三八－一三九頁）。

後進退ニ困難ニ付番人ヲ制シ刀ヲ爲収後より這入者ヲ爲取締候処終ニ左の通踏古(ママ)ろされ候よし門番ニ出候組ハ八木某之支配の由

絶命五人(1)

内一十四五位　一三十余　女四人

一四拾位　一廿四五位　此両人ハラワタ出候

一十才位　男子供壱人

同廿五日

○仏モントブロー(2)應接

同廿六日

○英公使より返事不承知申

尚明日可議

同廿七日

○三岡四位(3)より今般新金銀吹改両替之書付差出未定(4)

在来

た。番人を制して刀を収めさせ、後続の人数を取り締まらせたが、ついに左のように踏み殺されたとのこと。門番に出た組は八木某支配との由。

絶命五人

内訳は十四、五くらい、三十過ぎ、四十くらい、二十四、五くらい、計四人の女性と十歳くらいの男子子供一人。一番目と四番目の女はハラワタが出ていた。

同二十五日

○モンテベッロ仏公使館書記官に応接。

同二十六日

○英公使から二十三、四日の議論は不承知との返事あり。明日再議とする。

同二十七日

○大阪の大隈からの報告では、今回吹替の新金銀貨の三岡両替案書類が出たが、まだ決定ではない。

（1）『天皇紀 二』五五頁では死者八名。『天皇紀』記事の出典として宗城の本日記も引用されているが。

（2）ギュタヴ・ルイ・ランヌ・ドゥ・モンテベッロ伯（Comte Gustave Louis Lannes de Montebello）。仏公使館書記官（『叢書⑤』五四頁注〈2〉）。

（3）三岡八郎（みつおかはちろう）、後の由利公正（ゆりきみまさ）。二月十七日大阪府知事御用取扱・造幣掛などを罷免されている（『史要』一二七頁、『補任』一七三頁）ので、大隈が三岡案を事後報告していると思われる。

（4）明治四年五月の『貨幣条例』（『貨条例』）の原案が姿を現している。

一分銀百両ニ付
新銀
百二十五圓替(1)
在来
二分百両ニ付
新銀
百〇二両替(2)
一金銀銅幣雛形之通り全量並ニ量無相違鋳造被仰出候事
月日　行政官印
造幣局
右決定相成候
○田安中納言(3)より四男群之助己五才嫡子願有之
同廿八日
○毛利淡路守(4)より嫡子英国龍頓府へ参居候故爲用事遠藤貞一郎遣度願聞届

在来の一分銀は百両について、新銀の百二十五円と交換。
在来の二分金は百両について、新銀の百二両と交換。
一金銀銅貨幣は雛形のとおり、全量目貨幣を、かつ額面量を、正確に鋳造すると仰出になった。
月日　行政官印
造幣局
右の件は決定済みである。
○田安家当主から、今年五歳になる四男群之助の嫡子願いが出された。
同二十八日
○毛利元蕃から、嫡子が英国ロンドンへ留学しているので、用事のため遠藤貞一郎を派遣したい旨の願いを承認。

（1）右条例では「一両は一圓」と規定（『貨条例』六頁）。
（2）同右条例二〇頁には、「一圓銀と本位金貨との価格比較は當分銀貨百圓ニ付本位金貨百〇一圓」と規定。
（3）徳川慶頼（とくがわよしより）、田安家第五代・八代当主（『人名』六六二頁）。
（4）徳山藩主毛利元蕃（もうりもとみつ）（『補任』二三八頁）。

○若松事情左の三人より申陳候

加神保八左衛門(1)

馬場廣人

玉野東平(2)

○三字半頃品海碇泊蒸艦出火發雷鳴ヲソラク(ママ)は或艦不慮之災候半と不堪痛念候

○英公使吹上拜見同伴

同廿九日

○御軍艦武蔵丸(3)不慮ニ出火合薬ニ火移り沈没ニ及候よし軍務官届出痛惜ニ候

○京文通

議事取調局(4)へ

今般

御東幸之上東京城ニ於テ議事所(5)ヲ設ケ公卿諸侯在官二等以上毎次會議ヲ興シ様(ママ)被仰出候ニ付右議事所規則等

○若松の現状を次の三人から説明があった。

加賀藩　新保八左衛門

馬場廣人

玉野東平

○三時半頃に品川沖停泊の蒸気艦から出火、雷鳴も伴いなにか不慮の災害と思われて痛惜の念にたえない。

○英公使とともに吹上御苑を拝見した。

同二十九日

○軍艦武蔵丸が不慮の出火で火薬に火が移り沈没してしまったと、軍務官が届け出た。痛惜の至りである。

○京都からの文書通達あり。

議事取調局へ

今般　ご東幸のうえ東京城に議事所を設けて公家諸侯と在官の二等官以上が毎回会議を行うよう仰せ出されたので、その議事所規則などを急いで取り調べるようにと通達があった。

---

(1) 新保八左衛門（しんぽはちざえもん）。加賀藩、五百石か（「玉図舘」）。会計官権判事（「司法史」）。

(2) 馬場廣人と玉野東平（玉乃世履［たまのせいり］『人名』六一四－六一五頁）の両人は徴士・会計官判事試補（「司法史」）。

(3) 前日の出火沈没艦、米国より購入した蒸気スクーナー。

(4) 議事体裁取調所の内局と位置づけたのか。

(5) 議事所は二月二十五日の発令（『史要』二二九頁）で、戊辰戦後の政体改変を議論するためで、公議所体制（『補任』一五〇－一五二頁）にない臨時の役所。

早々取調可致被（ママ）

○後藤(1)大阪府知事兼勤被
免候書付相渡候事(2)

○裁許之コト
一戸田土佐守(3)より
石巻辺へ仙藩脱走人屯海路
水戸表へ進入(ママ)根城ニ構云々
申立候
一松前勝千代(4)弊領恢復人民より
申立候
右両条軍務官爲渡候
一神川縣より捨子手當被下度
旨申立聞届候

○英公使へ返事爲見候處甚不
都合今日一分二分金銀分量等及
答候時ハ四百三十万両横濱より指
出不容易儀ニ付別ニ写稿差
進候由にて相廻其之通ニ爲致候
事　今日横濱引取候由

○後藤象二郎の大阪府知事兼勤を免ずる辞令書を手渡した。

○裁許した案件は、
一宇都宮藩主戸田土佐守から、
石巻辺へ仙台脱走藩士が屯して、海路水戸表へ侵入し、水戸に根城を構築云々申し立ててきた。

一松前勝千代の旧領民から、北海道の旧領を恢復したいと要望がある。

右の二件は軍務官に伝達した。

一神奈川県から捨て子手当下賜要望があったので伝達した。

○英公使は回答書を見て、はなはだ不都合だ。現行の一分銀と二分金の性合（しょうあい）の回答を聞けば、横浜で洋銀四百三十万両を提供するのは困難なので、別書面を政府はじめ関係者に回すとのこと。好きなようにさせた。公使は今日横浜へ帰った。

（1）後藤象二郎（ごとうしょうじろう）、元曄（もとはる）。土佐藩。参与。慶応四年七月大阪府知事、明治二年二月大阪府知事罷免（『百官 上』七八―七九頁）。『補任』一七三頁では二年二月二十四日大阪府知事罷免（「解説 二」）。

（2）後藤は長岡右京一件で責任を取らされたが（「解説 二」）、日記二月二十九日記事によると、宗城が辞令書を手交している。

（3）戸田忠友（とだただとも）、宇津宮藩主（『補任』二六二頁）。

（4）松前兼広（まつまえかねひろ）、松前藩主（『補任』三一三頁）。

○三字後金杉より乗船甲鉄船(1)
見物ニ参候事
但鋼鉄厚サ四寸木板八寸
大砲ヘサキ四百封度一トモニ二百封
度二門馬力四百弾飛一里余(2)
○武蔵丸過半沈没ス可惜
同晦日
○所労(3)ニ付不参
暮春(4)朔
○参賀
○補(ママ)相より前月廿三日付書状来
ケ条左之通
一今般諸開港所ヘ新ニ通商
司(5)ヲ取建貿易事務一切
管轄之事
右之通被
仰出候ニ付以来諸官府藩県
共外国人ヘ諸品買入注文等総テ
通商司ヘ相届免許状ヲ請

○午後三時金杉港から乗船、甲鉄船を見物に行く。鉄板厚四寸で木板は八寸。大砲は舳(へさき)に四百ポンド砲一門、艫(とも)に二百ポンド砲二門、四百馬力、飛弾距離は一里以上ある。
○武蔵丸はほとんど沈没した。惜しむべし。
同晦日
○体調悪く参内せず。
三月一日
○参内し天機を伺った。
○三条から前月二十三日付書状到来、用件は左のとおり、
一今般新たに開港所に通商司を設け、一切の貿易事務を管轄することを仰せ出されたので、以後諸官・府藩県とも外国人からの品物の買入注文など、すべて通商司に届け免許状を受けたうえでなければいっさいできない。ただし諸官・府藩県なども会計の将来計画が立つまでは、買入

(1) 船体を鋼鉄で艤装した軍艦。
(2) 仕様から見てストーンウォール（東艦）号ではない。スタノップのオーシャン号か。
(3) 体調不良、病気。
(4) 旧暦三月。
(5) 二月二十二日開港場に通商司を置き、外国官の管轄とした（『史要』二一八頁）。

候上ナラデハ一切不相成候但諸官府藩縣共會斗前途之目的相立候迠ハ買入注文等相見合セ可申若不得止儀有之候ヘハ右通商司ヘ相届可受差圖事

一外国より買入候諸品代金拂殘並ニ借入候金高払返済方期限抔早々取調三月中外国官ヘ可届出事

同二日

○外国官ヘ官員録ノ事

○後藤ヘ大條(1)　笠原(2)面晤

○辦版籍返上之名元

○若松表一ヶ月分入費見図

三万九千百八十両

一青木山病院降人銃創之者

四千人斗

一城中より退出婦女子五百八十

れや注文なども見合わせるべきで、もしやむを得ない場合は、この通商司に届けて差図を受けること。

一外国から買い入れた諸品代金の支払い残高と借入金額の返済期限などを早々に取り調べて、三月中に外国官に届け出ること。

同二日

○官員録のこと。

○仙台藩の大條と笠原が宗城の斡旋で後藤象二郎に陳情の会談。

○版籍返上の名簿

○会津若松での一ヵ月入費見積り。

三万九千百八十両

一青木山病院の降伏者で銃創の者が四千人くらい

一城中から退出の婦女子が五百八十五

(1) 大條孫三郎（おおえだまござぶろう）、仙台坂元要害領主。慶応四年伊達慶邦建白書を朝廷に提出するために上京したが、時機に遅れ提出を断念。慶邦の養子となった宗城次男、宗敦（むねあつ）を京から仙台へ連れ帰るも、慶邦の怒りに触れ閉門。敗戦後恭順派の奉行として終戦処理に活躍（『仙戊人』七一－七二頁）。

(2) 笠原中務（かさはらなかつかさ）、石森邑主。恭順派参政として終戦処理にあたる（同右書一〇一－一〇二頁）。

五人
一島村等罷在候老幼婦女子
壱万五千人
同所當巳年分想(1)會計見積
○追々被相廻候引高
三十七万千二百九両余
○外ニ拂可申高
三十万八千両
弐口〆六十五万三千九百六十両余(2)
差引不足
弐十八万弐千六百七十八両よ(3)
前月廿九日加茂上下社
行幸
當月朔日
御拭眉(4)被爲整候事
○加神保八郎左衛門岩玉乃東平(5)
越市村勘右衛門(6)長勝間百太郎
○陽春丸加賀守(7)　勘定方大洲藩井上大藏(8)ニ
相違有之間敷且ハ京軍務官御詮

人
一島や村などにいる老幼婦女子
が一万五千人
会津の当巳年の総会計の見積
○だんだん報告が廻ってくる損失高は
三十七万千二百九両余
○その他に支払いすべき費用
三十万八千両
右二口（ふたくち）締めて六十五万三千九百六十両
差し引き不足は
二十八万二千六百七十八両余
前月二十九日加茂上下社に
行幸あらせられた。
今月一日
御拭眉を整えられた。
○加賀藩神保八左衛門、岩国藩玉乃東平
越前藩市村勘右衛門、長州藩勝間百太郎
○陽春丸の財務担当者は大洲藩井上大藏に相
違なく、かつ、彼は京都軍務官が詮議をし

（1）「惣」の誤記。
（2）単純に足し算すると六十七万九千二百九両。
（3）右の数字が正しいとすると、巳年の会津藩の収入高は三十九万六千五百三十一両だったことになる。
（4）画眉（かきまゆ）をやめ本来の自分の眉にする儀式。
（5）玉乃世履（たまのよふみ・せいり）、岩国藩。若松県民政取締（『人名』六一五頁）。
（6）越後口参戦の越前藩軍監（「福井士」一二五—一二六頁）。
（7）慶応四年米蒸気船「カガノカミ」を秋田藩が購入。翌年一月軍務官が借り上げた（「陽春艦」）。
（8）井上大藏は陽春丸船将（「陽春丸」）。

議之儀候者故同藩へ御預相成居候よし軍
務官返答
同四日
○水戸藩より達ス
　變名
　久我三郎左衛門事
　　市川三左衛門(1)
右之者国典不可赦之奸賊ニ付
追伐之儀兼而蒙
朝命候處去月廿六日於東京
青山召捕り候云々
○森金之丞(2)着ス
○大隈(3)節句後出立のよし
○若松表より會斗官中村壮介
帰着ス(4)
○神奈川より井関(5)判事来ル
民部(6)英公使對話事情述
△近日貨幣之一条ニ付英仏
米孛巨商寄合(7)當今之如

ている人物だから、大洲藩へお預けになる
と軍務官からの返答。
同四日
○水戸藩からの連絡で、
　変名
　久我三郎左衛門こと
　　市川三左衛門
右の者は国法上許せない奸賊なので、かねて
追伐の朝命を蒙っていたところ先月二十六日
に東京青山で召し捕り云々。
○森金之丞が到着した。
○大隈八太郎は節句過ぎに大阪を出立の由。
○会津若松から会計官中村壮介が帰着した。
○神奈川から井関判事が来て、町田民部が英
公使から聞いてきた意見を左のように述べた。
△公使言う。先日貨幣問題について英仏米
プロシアの巨商が参集し、現今流通の粗

---

(1) 水戸藩佐幕派諸生党総帥。明治二年逆磔(さかさはりつけ)に処された(『人名』八七―八八頁)。
(2) 森有礼(もりありのり)、制度寮副総裁として公議所設置に尽力。四月から軍務官・外国官判事(『補任』一五一頁)。
(3) 外国官副知事、三月末日から会計官副知事兼任(『補任』一四二頁)。
(4) 先の会津藩財政分析と関連ある記載か。
(5) 井関齋右衛門(いせきさいえもん)、宇和島藩。外国官判事(『補任』一四六頁)。守旧派の襲撃を恐れてか、容易に外出もできなかった(『叢書⑥』五九頁)。
(6) 町田久成。島津門族の石谷領主で薩摩藩英国留学生を引率(「薩英留」

悪金流行[1]各国商民難渋ニ至候モ日本政府之取締不行届故ニ而候得ば償金差出候儀當然と云論也獨り英人異考[2]畢竟各国人彼是申立候根源ハ政府にて棹銀[3]賣込候故疑惑ヲ生尤通用貨幣品合[4]不宜候得共俄ニ今日かよふなりたるにも無之各国人モ是迠無異論相用ひ来二分金とても日本人調法(ママ)[5]いたし時ハ各国人も弁利(ママ)[6]ニ付貯相用ひ候處是迠通用いたし来過去ノ事ヲ今日償金云々申立ハ條理無之ト申ても仏人始不承知にて其儘公使〳〵へ申立候由ニ付不日遂談判候上御應接可申其時迠ニ内々決議

悪な貨幣で各国の商人が難渋するのは、日本政府の監督不行届きであるから、当然賠償金を出すべきだとの結論になった。ひとり英国人だけは異論を唱えた。畢竟各国人があれこれ主張する根源は、政府が棹銀を材料銀として売り込むから疑われるのだ。

たしかに通用貨幣の品質は粗悪だが、最近になってそうなったのではない。各国人がこれまで文句なく使ってきた二分金も日本人が重宝している時には、外国人も便利なので貯えて使ってきた。

英公使が、これまで通用させてきたものを過去に遡って賠償金などを請求するのは条理が立たないと説得しても、仏人はじめ納得せず各公使へ申し立てるようなので、近日私が政府と談判した後で話し合おうと商工会へ伝えた。それまでに不

一五－一六頁)。パークスはじめ英国勢とはいたって懇親。

(7) 三月十三日に横浜居留民商工会議所の情報が伝わる(四三頁)。

(1) 粗悪な一分銀、二分金を新政府が鋳造している疑惑を各国が持ち始め(『大外文 二ノ一』一四四－一四八頁)、一月二十二日にはパークスから詰問状がきたが(同右書一四四－一四九頁)、外国官は秘匿し続けた。

(2) 日本の資本主義を育て利権をも獲得するのが英国の国策。

(3) 棹銀(さおぎん)は棒状に鋳造した銀塊(『貨幣』六三－六四頁)。一分銀の材料として政府が発売。

(4)「品合(しなあい)」。(慣

【史料及び現代語訳】御日記「備忘」明治二己巳暮春より

無不都合様返答出可有
之度よし
但公使〳〵談判ニ至候ハヽツマリ
各国より分離ニ工者(ママ)(1)ヲ造幣局へ
出度と可申立故其以前ニ公使
之手放レ壱人舎密ニ熟候者ヲ
御雇入談判有之度由
○英造幣局之者雇候事決ス(2)
○岩卿へ三日限差立候事
○慶喜久能遷(ママ)参度赴の事
同六日
○壮蔵(3)来ル英公使築地民留地
規則之事ニ付近日面會申度
赴アレキ(4)より申越候由ニ付運上所役の
コンシュルと及談判其上不決事
件有之時互ニ面晤有之旨アレキへ
爲申候事
同七日
○今日一字二字頃致應接度よし

都合のないように内々議論して、結論を出しておいてほしいそうだ。

各国公使へ交渉すれば、結局各国から貨幣分析者を造幣局へ出したいと言い出すはずだから、その前に一人化学に精通した者をお雇いになる交渉が必要とのこと。
○英造幣局の者を雇うことに決定。
○右について岩倉卿と三日以内に交渉を始める。
○慶喜は久能山東照宮参詣希望あり。
同六日
○荘蔵が来て、築地居留地規則について英公使が近日面会したいとアレキが言ってきたようだが、運上所役人と領事が相談をしてそれでも決着がつかなければ、互いに面会すればよいとアレキに返事させた。
同七日
○パークスから今朝早暁に今日一時か二時に

用語は「品位（ひんい）」、「性合（しょうあい）」。
（5）重宝。
（6）便利。

（1）巧者、専門技術者。
（2）井関とも相談して新貨幣の鋳造に英国の力を借りることを決断。
（3）都築荘蔵（つづきしょうぞう）、外国官権判事（『大外文 二の一』三五一頁）。宇和島藩儒家の出。宗城の探索方として活躍。二条城で大政奉還賛成を独自の判断で将軍に言上し（乙記録83）、宗城の賞状を賜った。宗城とパークスの間には荘蔵とアレキサンダーという緊密で友好的なリエゾン・オフィサーがいた。
（4）アレキサンダー・フォン・シーボルト（一一一頁補注［6］）。

今暁申越候也
○浪人取締評議有之
○於外国官パークス應談如左ヶ条
此方より發言
△箱館へ弥明日より軍艦及出船候
尤延日之事各国公使〳〵申達
候武蔵丸過日不慮之儀ニ付右
の処へ陽春丸遣候是ハ十日頃出船
可致候
ハ△軍艦甚不規則船将始時々上
陸跡ハ一向番兵も無之若し奪
掠ヲ心懸候ハバ五六人の洋人暴客
ヲ三千トルも出シ雇候ハバ奪候事ハ
忠容易之儀重々懸念ニ而軽薄と
告評判も承候故厳重ニ有之度
な航海中尚更之儀箱館にてハ
り中〳〵よく指揮も届仏人ヲ雇ひ
松前奉行[1]等ニ遣居且海
陸共要所ハ地雷火仏人差図

会いたいと言ってきた。
○攘夷派浮浪人取締について評議した。
○外国官でパークスと会談。
まず私から左の箇条について発言。
△いよいよ明日から箱館へ艦隊が出動。日延べのことは各公使に通達ずみです。
武蔵丸は過日不慮の災害に遭いましたが、代りの陽春丸を派遣し十日頃に出港するはずです。

パ△軍艦が非常に不規律、船将以下時々上陸の時まったく番兵も置かず、もし略奪しようと思えば、五、六人の洋人の暴れ者を三千ドルくらいで雇えば奪取するのは容易で心配きわまる。暢気なことだとの批判も聞くので厳重にしてほしい。航海中はとくに注意。箱館では榎本軍の指揮もなかなかよく行き届き、仏人を雇って松前奉行などに派遣させている。また海陸ともに要所には地雷を仏人が指図して敷設

(1) 旧幕府遠国（おんごく）奉行の一つ。

ヲ構居調練モ能整居候故
中〳〵六ヶ敷と存候旨反腹[1]申述
候故右厚情謝詞軍務官へモ尚
可申遣と申置候[2]
◎長崎抜刀陽春乗船中のものハ
井上大藏[3]歟と被察候由申述候処
早々御吟味被下度旨
△一歩二分の悪金[4]是迠洋客ニ付
所持ハ如何可被成やと申候ニ付処
即答考ハ不相持旨申置候
◬此度新金銀位の儀ハ前以承知申
度由
◬長洲罰金百五十万金五十万ハ
済跡ハ旧幕府にて延期懸合條
約結替候處来月ハ期月五十万
ハ拂方可有之筈ニ付處置候様
致度旨
△測量船[5]へ修業人ハ断候得共
大阪神戸の内より小蒸船にて遣候而ハ

させている。調練もよく整っていて、攻略はなかなか困難と思うとくり返し忠告した。この忠告に謝意を述べ、なお軍務官へも伝達すると言っておいた。
◎長崎で陽春丸乗船中に抜刀事件を起こした者は、井上大蔵と推察されると言うと、早急な捜査を要望された。
△一分銀二分金の悪金を洋人が保有しているのをどうなさるのかと問うので、即答の考えは持ち合わせてないと答えておいた。
◬パークスは今度制定の新金銀位制を前もって知りたいそうだ。

◬下関戦争の罰金百五十万両のうち五十万両は払い済み。あとは旧幕府との延期交渉で結んだ新条約の期限が来月なので、五十万両は支払われるはずで、そのようにしてほしいとのことである。
△英測量船に日本の研修生を乗せることはできませんが、大阪か神戸から小蒸気船に乗

（1）「復」。
（2）パークスの心配通りフランス傭兵が宮古湾奇襲海戦を敢行した『フ幕維』六五頁。
（3）井上は陽春丸船将（三四頁注〈8〉）。「抜刀云々」は不明。
（4）三岡財政で悪金を鋳造していたのが五代・大隈改革で露見（「解説 一」）。
（5）海図作成をもくろむが、実際に着手されたのは明治四年から（「海図」）。

如何やと申候故軍務へ懸合早々
　處置可申
△蝦夷地測量ハラキストン(1)早々御雇
　相成度赴ニ付尚可議と申置候
△公使始附添別手組人(2)〻極度(きめたき)よし
△大阪にて金札ノ事公使へ書通
同十日
○大原老卿(3)且岩左ラより書通
　　大原
○弥七日より御出
　輦ニ可相成草莽之徒沸
　騰候得共情實相分り安心の由
　　岩左(4)
○同様木戸四日着のよし扨桑
名松山(5)共主人ハ顕然箱館邊へ
罷在候ニ付容易ニ處置之場
ニハ至兼候得共昨年~~井度も通~~五月
当越中(6)ハ如何様之所行ニ及とも
万之助(7)始家来モ謹慎罷在候ニ付而ハ

せてくれればどうかと言うので、軍務官とも
相談して早々に対処すると答えた。
△蝦夷地の測量につきブラキストンを早く雇用
させたいらしいので、検討すると言っておいた。
△公使らは測量研修の追加人数を決めたいとのこと。
△大阪で外国人の金札納税の禁止をするとパークスへ通達。
同十日
○大原老卿と岩倉前輔相等からの書状あり。
　大原
○いよいよ今月七日からご出輦になる予定で
草莽の輩が亢奮の様子だが、内実がわかっ
て安心した由。
　岩倉右兵衛督
○木戸孝允も同じく四日着だそうだ。桑名、
松山ともども主人は堂々と箱館辺で頑張っ
ていて、容易に処置できはしないが、昨年
五月から定敬がどんなに反抗しても、万之
助と家来は(国許で)謹慎しているので、寛
典に処されるとの仰せ渡しもあろう。かつ

---

(1) トーマス・ライト・ブラキストン。英国貴族出身の探検家、ナチュラリスト、実業家。一二一頁補注[7]。
(2) 四二頁注(5)。
(3) 大原重徳(おおはらしげとみ)、刑法官知事。前年東幸には強硬に反対した(『叢書⑦』四―五頁)。
(4) 岩倉具視は右兵衛督(うひょうえのかみ)(『實記中』六八四頁)。
(5) 羽後松山藩主酒井忠良(さかいただよし)、庄内藩支藩(『補任』二五三頁)。
(6) 松平定敬(まつだいらさだあき)、桑名元藩主、越中守。万之助は弟。
(7) 松平定教(まつだいらさだのり)、万之助。明治二年八月桑名藩知県事(『補任』二四一頁)。

寛典可被處被
御渡モ有之且三度ニ及ひ
御通輦ニも相成候得共既ニ官軍ニ
發炮之藩ニハ御處置相済候に
去春以来深謹慎候而もいまた
天日ヲ不得拝深ゝ愁歎依時機
押而歎訴も可及様子も有之段右
謹慎にても越中故御處置モ無
之而ハ不憫ニ付刑法官へ評議被
仰付候處桑名三万石松山二万石
と申出候故早々評議申越候様
○待詔局(1)
右以人撰被仰付天下議論ヲ
可爲致吐露事
○小野石斎(2)
教導取調局御用懸
○孛書記官ケンブラント(3)来ル
○主上弥七日卯刻過被遊
御出輦候由辨事より弁事へ申

三度も鳳輦が通過しているうえに、官軍に背いた藩々への処置はすんでいるのに、昨春から万之助らは深く謹慎していても天日を仰いでいない。深くふかく悲嘆にくれていて、時機がくれば自分から歎訴にも及びたいようで、父親のために宙ぶらりんのままでは不憫なので、刑法官で評議させたところ、桑名は三万石、松山は二万石の減石と申し出たので、早々評議するよう連絡があったようだ。

○待詔局、これはよく人を選ばれて、天下国家の議論を吐露させること。

○小野石斎は教導取調局ご用掛となり、キリスト教徒の転教を指導。

○プロシア代理公使フォン・ブラントが来訪。

○主上はいよいよ三月七日午前六時過ぎご出輦の由と西京弁事から東京弁事へ連絡があ

（1）明治二年太政官に設置、七月待詔院と改称。大久保利通、木戸孝允らが待詔院学士となったが、大久保らの主導で八月には公議所と統合されて集議院になった。土佐派の公議制イデオロギーの残渣とも見られるが、宗城は期待するところがあった。しかし、実際は版籍奉還の踏台となった。

（2）小野述信（おののぶざね）、石斎（せきさい）。長州藩国学者。教導取調局御用掛（『史要』一三二頁、『叢書⑦』六八頁注〈6〉）としてキリシタンの転教を謀った。

（3）マクシミリアン・アウグスト・スキピオ・フォン・ブラント（Maximilian August Scipio von Brandt）、プロシア代理公使（『叢書⑤』六〇頁注〈2〉参照）。

来奉恐悦候

同十一日[1]

○昨夜シーボルトより公使今日三字逢度よし申越候故壮蔵（ママ）より不快ニ付明日ニ延シ度返事爲出候

○京都六日立達ス出兵一条ニ付侍従[2]謹慎被　仰付候よし

同十二日

○侍従謹慎ニ付自分進退伺出ス

○右ニ付英公使應接東久[3]頼ム

○應接ヶ条

一於大阪五代[4]より英コンシュルに金札税銀ニ納候儀差留之報知有之由（但二月廿二日付書簡[5]五日より之後ニ有之）

右二ケ月之日延談ニ付明後十三日（ママ）尚可及返答と答のよし

一長州償金[6]　利斗払二度宛五分位

一茶糸改税[7]

り、恐悦奉った。

同十一日

○昨夜シーボルトから、公使が今日三時に逢いたいと言ってきたが、体調が悪いので明日にしてほしいと荘蔵に返事させた。

○京都六日発書状で、宗徳が箱館出兵問題で謹慎を仰せ付けられたとのこと。

同十二日

○当主宗徳の謹慎で、私も進退伺を出す。

○このため英公使との応接は東久世に依頼する。

○会談での外交課題

一太政官札で税銀を払うのを禁じる通達を大阪運上所の五代が英領事に出したとのこと（但二月二十二日付書簡。三月五日より後に落手）

（英領事が）二カ月の延期を希望したので、明後十三日に返答すると（五代は）答えたそうだ。

一下関戦争の賠償金は利子だけ二度、義務額の五〇％分ほどを支払う。

一お茶と絹の輸出税改定問題。

（1）この日外国公使団から下関戦争賠償金残金処理について照会があった（『大外文 二ノ一』四七七－五〇五頁）。

（2）宇和島藩主伊達宗徳（だてむねえ）。一二一頁補注［8］。

（3）東久世神奈川府知事兼外国官副知事（『百官』二三二頁）に依頼の書翰を十一日に出した。

（4）この時大隈らと新貨幣制度を構築中。

（5）外国人の金札による納税を禁止（『大外文 二ノ二』五二六－五二七頁）。結局各国の反発で六十日間延期（同右書同頁）。

（6）三月十一日に英・仏・蘭・米が凍結していた償金の支払いを請求（同右書四七七－四八一頁）。

（7）一二一頁補注［9］。

右本月廿日談判之事
一大阪兵こ之間出入港手数料の事
一石炭定額價　計数定
一條約改正ヶ条見度催促
○大隈山口(1)中井(2)今夕致着候ニ付英
公使大隈ニ明日逢度よし也(3)
同十三日
○本邦貨幣の事ニ付於横濱吾
二月廿四日西洋第四月五日商人惣代評議
之訳書本官より廻ス人名
一政府へ申立償金ヲ要スル人く
「ゼ、ジ、ウヲルス」「エフ、ケイセンヘートル」
「ゼマムメルスドルフ」　三人
一償金請求不同意
「ジョン、ロバルトソン」(4)　壱人(5)
○造幣局へ雇入候英人手當
大意
一主宰壱人　月給　五百より六百弗沾
一助勤弐人　同　弐百より三百弗沾

これは三月二十日に交渉する。
一大阪兵庫両港間の出入港手数料の件。
一石炭税は定額税か従量税か。
一条約の改正個条を見たいとの催促あり。
○大隈一行が今夕大阪から帰着。英公使が明日大隈に会いたいとのこと。
同十三日
○わが国の貨幣について、二月二十四日洋暦四月五日に横浜居留民商業会議所が協議した記録の和訳を本官から回達した。人名は、
一ウヲルス、ケイセンヘートル、ゼマムメルスドルフの三人は日本政府に賠償金を請求。
一賠償権を放棄したのは英国東洋銀行支店長ロバートソン一人のみ。
○造幣局が雇用する英人技師の給料は、おおまかなところで、
一主任一人月給五百から六百ドルまで。
一助手二人同二百から三百ドルまで。

---

(1) 山口尚芳（やまぐちなおよし）、範蔵（はんぞう）。武雄鍋島藩。外国官判事（『補任』一四六頁）。
(2) 中井弘蔵（なかいこうぞう）、弘（ひろむ）。薩摩藩士であるが慶応元年から宗城との関係が深い（『叢書⑦』三六頁注〈4〉頁）。
(3) 貨幣政策の指導権を握った大隈にパークスは至急に会う必要があった。
(4) 慶応二年～明治九年オリエンタル・バンク横浜支店長。パークスと提携して日本の金融、通貨、造幣、鉄道借款・建設、公債引受など重要案件の金融面を主導し英国の国益を守った（『東洋銀』一六六―一六七頁）。
(5) 商業会議所の件についてパークスは妻ファニーへの手紙で報告している（『パ

右三人三年雇
一船賃旅用分析器械等〆
壱万元程
○東久返事ヶ条
一仙臺ノ事件[1]大村より承知何レ
正議黨ヲ相助候御處置此
上仙削地不調法ニ不相成様
朝廷より急度御處置可
有之筈
一待詔局今日より二重門内へ被
設候筈
一大隈對話阪地大變革
會計の全権當官の手ニ落
申候[2]而ハ前途甚大任小生式[3]副
知事ハ最早相勤かたくと
決心いたし候
一東北巡察一昨十一日御沙汰書被相
下候得共発程御着後ニ可相成
同十四日無事

右三人は三年契約。

一赴任船賃旅費、貨幣分析器械など〆一万円ほど。
○東久世からの返事の条々は、
一仙台騒擾については大村益次郎から聞いている。いずれ正議党を支援するご処置だが、これ以上仙台を削地して事態を悪化させないように朝廷がきちんと処理されるはず。

一待詔局は今日から二重門内へ移転するはずだ。

一大隈の話では大阪は大変革。会計官の全権が大隈の手に落ちたので、前途の大任を思えば私ごとき者に、外国官副知事まではもはや勤務できないと決心している、と言う。

一東北地方の巡察は十一日にお沙汰書が下されたが、出発は東京お着後の模様。

同十四日 何事もなし。

伝』一一三―一一六頁）。ファニーと宗城は既知の間柄（"Kondo"）。

（1）戊辰戦争後に起こったいわゆる仙台騒擾（「仙騒擾」二―一八頁）。仙台騒擾について政府の処置を東久世を通じて宗城は探査。

（2）三岡財政は貨幣司疑獄事件（長岡右京一件「解説 一」）を契機として挫折し、宗城指揮下の五代・大隈グループがとって代わった。大隈派が三岡派の「追落しを策して成功」と後世史家をして評せしめた（『貨幣史』一六〇頁）。大隈自身の述懐は『昔日譚』三七八―三八九頁。最近の研究は『貨幣司①』一九六―一九八頁、『貨幣司②』一二七―一三三頁、一三六―一三八頁。

（3）私のようなものが。

【史料及び現代語訳】御日記「備忘」明治二己巳暮春より

同十五日
○備前(1)へ文通ニ及返事中申来
△東久世より西京辧事へ御用状
右返翰東海道御油宿にて賊難と出合持人行方不知
御用状途上散亂状箱上
封切レ候儘十二日達候よし
△矢野(2)辭表出候よし
同十六日十七日無事
同十八日
○備返事中昨十七日朝有馬兵庫頭(3)家来拾人斗にて同家執政三人ヲ刎首其首を携刑官へ参候よし(4)全ク三人ハ奸物らしく候
同十九日
○五島(5)にて切支丹徒苛酷處置再度有之由去月廿三日英公使申立京へ申遣候得共尚山口

同十五日
○池田章政へ出した手紙の返事には、
△東久世から西京弁事に出したご用状の返翰が東海道御油宿で盗賊に襲われ、所持人は行方不明。ご用状は路上に散乱し、状箱の封印は切られたまま十二日に到着した由。
△矢野玄道が辞表を出したそうだ。
同十六日十七日 無事。
同十八日
○池田刑法官副知事からの返書中に、昨十七日朝吹上藩有馬の家来十人ばかりが同家執政三人の首をはね、その首を携えて刑法官へ出頭したそうだ。この三人はきわめつけの奸物らしい。
同十九日
○五島でキリシタン信徒にまた過酷な処置を加えたと、先月二十三日に英公使が申し立てたので京都に連絡したが、そのうえになお

（1）池田章政（いけだあきまさ）。岡山藩主。刑法官副知事（『補任』一四六頁）。

（2）矢野玄道（やのはるみち）。神道家、大洲藩。元年閏四月まで内国事務局権判事（『補任』一三一頁）。国学者や矢野らの主導する皇学所建設に政府は疑懼をおぼえ矢野は辞表を出した（『先駆者 3』四九－五〇頁）。稿本C「御手留日記」（「解題」）の一頁目にも「矢野茂太郎東下」とある。茂太郎は矢野玄道である。

（3）下野吹上藩主有馬氏弘（『補任』一三六頁、『史要』一三四頁）。

（4）幼少の藩主を欺いた執参政を家来が粛清した。

（5）肥前国五島藩では維新後に酷烈なキリシタン弾圧が行われた（『五キ史』）。

申合取調候様判事申遣ス[1]

同廿日

○一昨十八日品駅にて細川右[2]より英公使へ失敬ニ及候よし東久[3]にて懸合候筈也於神奈川仏治部介[4]モ少し同勢無礼せる赴也尚尋置候

同廿一日

○過ル十七日池鯉鮒より之辨事状達ス英国書飜[5]譯写補相(ママ)[6]より被相廻候事○外国官へ渡可申事

○夕景重臣御呼出十二日差出候伺書御聞置之旨平松[7]より被申聞候事

同廿二日發便

同廿三日

○大隈来訪昨夜横濱より帰候由

一英水夫一条[8]ニ付筑藩處置は最前公使へ為打合不申決着付候事甚以不平承知不致来月四日更ニ及

山口判事に連絡して取り調べるように命じた。

同二十日

○一昨十八日品川駅で細川藩士が英公使に無礼を働いた由で、東久世が対応するはず。神奈川でもデュブスケに同藩士の無礼があったようで問い合わせた。

同二十一日

○十七日知立(ちりゅう)宿からの書簡で、英書状の翻訳の写しが三条から弁事へ廻されたとのこと

○それを外国官へ渡すよう申し入れる。

○夕方重臣をお呼び出しになって、十二日提出した進退伺いは聞き置いた旨平松権弁事から通達された。

同二十二日　書簡を出した。

同二十三日

○昨夜横浜から帰った大隈が来ての話。

一英国水夫殺害の一件での福岡藩の処置は、前もってパークスと打合わせなく決着をつけたもので、はなはだ不平で承知しな

（1）一一二頁補注〔10〕。

（2）熊本藩主細川韶邦（ほそかわよしくに）、右京大夫（『補任』）二三四頁。

（3）三月十八日パークスが韶邦の行列と大森で遭遇したとき、熊本藩士がパークスに下馬を強要した事件（『大外文 二ノ一』五五五頁）。困難な外交問題の発端（「解説 二」）。

（4）仏公使館通訳官治部助（ジブスケ）は三月十七日三田で筒袖兵隊、十八日には熊本藩士から威嚇された（『大外文 二ノ一』五二三—五二四頁、四八頁注〈3〉）。

（5）下関戦争賠償金照会状の翻訳と思われる（四二頁注〈1〉）。

（6）明治二年正月十七日に岩倉は輔相を辞任（『補任』一四〇頁）しているので、

應接候都合ニ結局談判済候由

一生糸茶税増之儀三年之定額にて
相増候理ハ日本政府に有之候得共元之
儘ニ致置候ば（ママ）商法盛大ニ可相成よし
尚政府と論候上再談判と決ス
　英国ラシャ出税ナシニ致終ニ利茶ヲ壓倒
　イタス事例申候よし

右ハ此度下關償金百五十万ル（ママ）両利足
　壱割十五万両可払期限に付各税ヲ
不増シテ商買ヲ盛大ニスレバ元金
共不拂シテ可相済見込も有之由(1)
英公使より及内話由密く(2)

一貨幣之事見本出来候上(3)各国公使へ
　談判之筈也英公使ハ承知大ニ悦候由

一於五島切支丹徒處置之儀山口之口上(4)

い。来月四日にまた交渉することで、最終的に談判が済んだとのこと。

一生糸・茶の増税は、三年間の平均価格に一定の従価税（五％）をかける権利が日本政府にあるとしても、増税しない方が貿易が盛大になるはずとパークスは主張。よく政府で議論のうえ再交渉と決した。
英国のラシャを無税にしたら、ついに利益が茶を超した事例をあげたそうだ。

これは今度下関戦争の賠償金百五十万両と利息一割十五万両を支払うべき期限にきたが、増税を避け商売を盛大にすれば、償金元金も含め払わずにすむ可能性もあると英公使から密々話があったとのこと。

一新貨幣については見本が出来てから各公使と談判予定。英公使はそれを聞いて大層喜んだそうだ。

一五島でのキリシタン処置は山口の説明だ

知立（ちりゅう）にいたのは三条。

(7) 平松時厚（ひらまつときあつ）、権弁事（『百官下』四五三頁）。

(8) 大隈が慶応三年のイカルス号事件の捜査を指揮、犯人福岡藩士金子才吉を特定（『大外文 二ノ一』一五〇－一七一、四一〇－四一四、五八六－五八九頁）。イカルス号事件については文献「イカルス」参照。

(1) 一一二頁補注 [11]。

(2) 老練なパークスとナイーヴな大隈の密話に日英の思惑が交差。

(3) 一二八頁注 (3)(4)、一二九頁注 (1)(2)。

(4) 一一二頁補注 [10]。

斗にてハ甚六ケ敷彼ニたしかなる證據ヲ持居仏公使より五島へ軍艦差向候様段々申立候故其儀ハ可見合尚又五島にて仏公使始申立候ハバ政府ヲ欺候訳(1)にて不相済夫ヲ可匡(ただす)權ハ朝廷ニ有之故尚取調可相成と答

本末之面倒より一月斗前ニ處置致候由実ハ彼如申と山口申候

一細右京英公使との面倒(2)ハとふか済候

一仏シブスケ弁天町にて夜分棒にて被擲落馬気絶相手ハ未タしれぬよし(3)刃ニ無之故大ニ應接ハ致易くと存候

同廿四日

○東久状今日英公使へ談判ヲヘシ事也

船将江戸岡士両人両度ニ馬車より引下候一件(4)大困苦〱申来候

同廿五日

けではとても解決しない。外国勢に明瞭な証拠があり、仏公使からは五島に軍艦を差し向けると次第に言いつのるので、それは止めてほしい。また仏公使の主張の通りとすれば、五島藩が政府を欺く事になり看過できない。事実を究明する権は朝廷にあるから、なお調査させると答えた。

本藩と末藩との争いとして一カ月ばかり前に処置したようだが、実はキリシタンの言う通りなのだと当の山口も言っている。

一細川右京と英公使との紛争はなんとか収まった。

一仏の治部助がまた横浜弁天町で夜分棒で打たれ落馬して気絶。犯人はまだ不明の由。刃傷沙汰でないので交渉は容易と思われる。

同二十四日

○東久世書状で今日英公使と談判終了。艦長と東京領事の二人がともに馬車から引きずり下ろされた件で大困苦だと言う。

同二十五日

---

(1) 山口報告が杜撰なものであった。

(2) 四六頁注(3)。

(3) 治部助(じぶすけ)が頭部を殴打され昏倒(二度目の被害。三月十九日『大外文二ノ一』七三九頁)、仏公使から厳重な抗議(『大外文二ノ一』五六七―五七二頁)。

(4) 三月二十一日、二十三日に外国人に対して侮蔑粗暴事件があった。一一二頁補注[12]。

○同卿文通昨日英公使談判云々申
来候故壮蔵（ママ）へ尚心付申置候也
△井上大蔵之事モ同断
同廿六日無事
同廿七日夕七時頃差控被免候由安心
△右ニ付即刻供揃申付半（ママ）頃より出
懸暮時御本陣(1)へ罷出候処御對
面被仰付　天盃頂戴
同廿八日
○八字過参　朝九字過無御
滞着(2)　御恭悦〳〵
○補相（ママ）(3)コールス病(4)にて御途中懸
川に滞留養生今日頃同所は出
立のよし香河敬三(5)より承候
△岩卿モ五月中頃ニ可相成よし
右ニ付一同(6)甚當惑急ニ土手出立
可被遣処ニ決ス

○東久世からの手紙で、昨日の英公使との談判について言ってきたので、都築荘蔵に私の意見を述べて伝えさせた。
△井上大蔵の件も同様。
同二十六日は事も無し。
同二十七日午後四時頃、自分の差控は免じるとのことで一息つく。
△右の次第で早速供揃え申し付け、五時頃に出立し暮れ時にご本陣に出たら、ご対面仰せ付けられ、天盃を頂戴した。
同二十八日
○八時過ぎ参朝、九時過ぎに滞りなく東京城に着御あらせられ、恐悦〳〵。
○三条輔相がコールス病で途中の掛川に滞留養生となっていたが、今日あたり同所出立と言う。香川敬三から聞いた。
△岩倉卿帰京も五月中頃になるそうだ。このために一同はなはだ当惑、急遽弁事土手を掛川に出立させることにした。

（1）天皇の品川行在所着御は二十七日（『天皇紀 第二』八八頁）。
（2）東京城に（同右書八九頁）。
（3）岩倉は一月十七日に輔相を正式に辞任しているので、これは三条を指している。
（4）一二二頁補注［13］。
（5）香川敬三（かがわけいぞう）、岩倉腹心。兵部権大丞（『人名』二六二頁）。
（6）東京の政府首脳陣。

同廿九日参賀
○宮古港より戊辰丸[1]一戦之報
　有之[2]
○補（ママ）相明日着のよし也[3]
○京御留守議書通
　一慶喜歩行願ハ難被免
　　旨也
○御学問所ニ而拝
龍顔御懇之蒙
勅語中啓[4]一握絹五疋拝領
同晦日
○大村へ冨田[5]遣ス
一大隈英公使へ致應接憤怒
　交際ヲ破ニ至候処先々相談も
　出来候よし
四月朔日
○昨日御短刀拝領申候
於英公館へ参應接
○英公使應接亦大ニ憤怒

同二十九日 参賀。
○宮古港から戊辰丸が戦った報告があった。
○三条卿は明日帰着とのことである。
○京御留守の議定からの書通。
一謹慎中の慶喜の旅行願いは許容できない
　とのことである。
○御学問所で竜顔を拝し、ご懇篤なる勅語を
蒙り、中啓一本と絹布五疋を賜った。
同晦日
○大村益次郎へ仙台の件で冨田鑛之助を遣わす。
一大隈を英公使に応接させると、公使が憤怒
して外交関係を絶ちかねなかったが、先々
相談もできそうとのことだ。
四月朔日
○昨日短刀を拝領いたした。
英公館に参り交渉した。
○英公使と応接、彼はまたおおいに憤怒し、

（1）徳島藩所有の木造運輸用汽船（蒸気船）。
（2）最初の宮古湾海戦（本日記五四―五五頁）の情報は徳島藩経由で得ていたか。
（3）三条は実際には天皇着御から二日遅れただけで帰京している。
（4）僧侶や宿老が持つ先が開いた扇子。
（5）冨田鑛之助（とみたこうのすけ）、宇和島藩士。仙台工作を担当（『叢書⑦』三一頁注〈9〉）。

終ニ馬車より引下シ候者[1]不相
分迠ハ公事たりとも一切
談判ハ不致旨尤四日
約定之百五十万トルは可
相拂よし不拂時ハ運
上かね也[2]於此方も憤怒ス
同二日
○御前衆議[3]
　英談判事情陳
奏耽然
△朝威弥以赫然被爲運確
　乎不抜之規律御実践決
　議[4]
△馬車一件之者厳密探
　索品縣東京府刑法引受
△百五十万の償金之事
△中島始探索申出候
同三日
○徳大寺[5]阿州[6]横濱へ出張英

ついに馬車から引き下ろした者が判明するまでは公（おおやけ）の外交交渉といえども一切応じない。ただ約定により四日が期限の百五十万ドルは支払うべきと要求。支払わなければ運上所の関税を差し押さえると言うので、私も憤怒した。

同二日
○陛下の御前で会議を開いて、英国との外交交渉について陳奏した。
△朝廷の威権はいよいよもって赫然と運ばせられ、確乎不抜の規律をご実践の決議があった。
△馬車一件の者（パークスなどを侮蔑した）の厳密な探索は品川県と東京府の刑法官が引き受ける。
△百五十万の賠償金の事も議論。
△刑法官判事中島錫胤（ますたね）らも粗暴犯の探索を申し出た。
同三日
○徳大寺と蜂須賀が政府を代表してパークス

（1）四六頁注（3）の事件ならびに三月二十二日に新典侍の仕丁松田与三郎が刀の柄に手をかけ、パークスはピストルを構えて難を逃れた事件（『大外文二ノ一』五四四頁、同文書六三九―六四三頁）。
（2）一一二頁補注［14］。
（3）宗城が天皇はじめ政府に外交問題を訴えた。
（4）現実はかけ離れているのでわざわざ決議。
（5）実則。
（6）蜂須賀茂韶（はちすかもちあき）、徳島藩主。議定（『補任』一三八頁）。

公使へ挨拶之爲也
○二字退出於外国官シーボルト應對内々公使より昨日来何ソ分候やと尋候由ニ付折角夫々盡力中也其内御馬懸之者か大澤[1]家来の内ニは可決と存候赴申聞中島より差出候双方口書内々示スシーボルトは大澤の方ニ女人同車云々[2]且東京より行會候故右家来の方かと存候由内々これても公使へ爲見候ハヽ大ニ都合宜しくと申候故爲写遣ス
○山口公使館より帰る徳阿パークスに対面のよし
同四日[3]
○八字出門十一字過横濱ニ到ル
○伊太利公使館にて可逢約のよしニ付申遣候處無程これよりとの事也
○伊書記官来面會ヲ乞
　今日ハ英佛ハ差支候得共外

の説得と陳謝のため横浜へ出張。
○午後二時皇城退出。外国官でシーボルトに会い、公使が内々昨日から何かわかったかと尋ねたそうで、折角それぞれが尽力中だ、そのうち馬掛りの者か大沢の家来の内に決まると話し、中島が出した両方の供述書を内々見せた。シーボルトは大沢の家来の粗暴行為の被害者には女性が同乗しており、東京からの途中で行き違ったのだから大沢家来と考える由。この口書を内々に公使に見せたら非常に都合がよいと言うので写しを遣った。
○山口範蔵が公使館から帰り、徳大寺と蜂須賀がパークスに会ったとのこと。
同四日
○八時に出て十一時過ぎ横浜に着く。
○イタリア公使館で会談の約束なので連絡すると、しばらくしてこれからとの事と言う。
○イタリア書記官が来て面会を乞う。
　今日は英仏は差し支えがあるが、ほかの

（1）大澤基壽（おおさわもとひさ〈とし〉）、浜松堀江藩主。
（2）「解説二」一三〇頁。
（3）この日宗城は各国外交団との会見のため横浜のイタリア公使館へ出張したが、書記官が遅れて現れ、英仏外交官の会見拒否を宣言し、書面をもって外人に対する暴挙の釈明を求めた。はなはだしい外交上の非礼だが、宗城の日記は淡々と書かれている。「ここに浪士取締の論起り、暴徒を悉く捕縛するに決せんとす」という展開になる（『慶徳傳五』二二九頁）。

三公使ハ無差支乍然後刻
以書通可申越よし也
○五字頃米伊孛より書状ヲ以英仏国人過日軽侮ヲ受候処いまた満足之返答無之ニ付面會致兼候赴ニ付暫應接猶豫申度且英佛両公使の主意ハ各同意之由(1)申来候故返事承知折角盡力探索中と申遣候夫故旅館へ帰る
○東久へ各事情申遣候事
同五日
○横須賀製鉄所見物ニ十字より参る七字帰伊東藤(2)ニ参候
○東久より返事去ル廿一日(3)の無礼人は新典侍(4)附添松田與三郎と申者に無相違よし英公使へ行向陳述候所何分廿三日之方(5)不分明にてハ交際難致よし

三国公使はよろしいものの、後刻書簡で
通知するということだ。
○五時頃米・伊・プロシア公使から書簡で、英仏国人が最近侮蔑を受け、まだ満足な返答もないので面会する訳にはいかぬ。しばらく外交交渉は見合わせたい。また英仏両公使の意見には皆々同意していると言う。外交団の意見は承知したが、鋭意尽力探索している最中だ、と返事を遣わせて旅館へ帰った。
○副知事東久世に事情を伝達させた。
同五日
○横須賀製鉄所の見物に十時から行く。七時に帰り、伊藤に行った。
○東久世からの返事で、去る二十一日の無礼人は新典侍(ないしのすけ)付の仕丁(しちょう)松田与三郎なるものに違いない由。私自身が英公使館へ出向いて説明したが、パークスは何分二十三日の詳細不明では外交交渉に応じられないと言い張る。

(1) 各国が歩調を合わせた。
(2) 宗城は横須賀製鉄所に関して伊藤俊輔と協議したか。この時伊藤は東京勤務で四月十日には兵庫県知事の辞表を出し(『百官』九五－九六頁)、その後新設の通商司知事、会計官権判事、大蔵小丞を歴任(同右書同頁)。大隈も伊藤も会計官に移り、九月十四日宗城が民部卿兼大蔵卿に就任して宗城・大隈・伊藤ラインが形成されていく。「解説 三」。
(3) 『大外文 二ノ一』五四四頁では二十二日で二十二が正しい。
(4) 「御再行御先(おさき)女中新典侍局(しんないしのすけ)」(『大外文 二ノ一』六四三頁)。
(5) スタノップ船将に対する侮辱事件。『叢書③』

○英公使今日致帰港候也
同六日
○十字裁判所へ参る
○寺島英公使方より帰る不相替憤怒罵言之由自分等今日帰候ハヽ見合呉候様明日取締等可談様子と申候
○仏公使来翰○昨夜都築[1]北代参候
○今朝東久より来書中廿三日の方[2]モ今一日滞留候えば可相分よし
○明朝八字仏公使へ面會申遣ス
同七日
○十字仏公使へ参對話
○裁判所へ参る青森より海陸参謀孛船にて到着去月廿五日之勝報[3]承る
一廻[ママ]天丸甲鉄[4]之側面ヲ突衝[5]五人乗込候由仏人[6]腰ヲシスル三人射死ス両人逃候亦乗る

○英公使は今日横浜に帰った。
同六日
○十時裁判所へ行く。
○寺島陶蔵が英公使館から帰京。相変わらず憤怒罵言の由。私共が今日帰京したら検討してくれるよう、明日粗暴人の取締方法など相談したい様子という。
○仏公使から来翰あり。○昨夜都築、北代が来た。
○今朝東久世の来書中に二十三日の犯人も今一日滞留すればわかる由。
○明朝八時仏公使に面会と連絡させる。
同七日
○十時仏公使館へ行き会談。
○神奈川裁判所へ行き、プロシア船で青森から帰還した海陸参謀から三月二十五日宮古湾海戦の勝報をうかがった。
一回天丸は甲鉄艦船腹に接舷、仏軍人の指導で五人が切り込んだ。三人は射殺され、逃げた二人はまた乗ったものの、回天丸

五五頁ではスタノプ。

注
(1) 都築荘蔵、三七頁注(3)。
(2) 実際は二十二日。
(3) 宮古湾で甲鉄艦を乗っ取ろうとした榎本軍回天丸と高雄丸の作戦は失敗(『戊役史 下』七三四―七三八頁、『フ幕維』六六―七四頁)。
(4) 新政府に帰した衝角艦ストーンウオール・ジャクソン号(『パ伝』一〇七頁)。
(5) いわゆるアボルダージュ(横付けして白兵戦で船を乗っ取る戦法)をフランス傭兵隊が提案した(『フ幕維』六六頁)。
(6) 回天丸にイポリット・ド・ニコール、高雄丸にウジェーヌ・コラッシュ乗込(同右書同頁)。

【史料及び現代語訳】御日記「備忘」明治二己巳暮春より

但廻（ママ）天船将打取候よし
　百封度一七十封二ツ当テ候由
一外ニ一艘ハサミウチ終勝砕候[1]
　乗懸人ハ上陸薩兵續テ
　上陸ミヤコへも通し双方ハサミ
　打四十人斗生トリ二十人斗打トリ[2]
　仏人壱人生トリ候よし[3]
一右勝利後不残アヲモリニ至
一石炭不足ニ付廻方爲取斗候[4]
一二字よりヲーシエンへ参船将應對
　無礼人松田[5]と存候事
一明朝帰府ニ決ス
同八日
○孛伊公使館へ参候
○シーボルト参公使手紙出ス
　○償金催促
　○横濱各国より守衛兵如
　　先日申出度よし
　口上

艦長甲賀源吾は射殺された由。百ポンド弾
　一発、七十を二発打ち込まれたとのこと。
一ほかに一艘を挟み撃ちにしてついに撃破、
　乗組みの敵兵は上陸。追って薩兵が上陸、
　宮古へ連絡して挟撃。四十人ほど生け捕
　り二十人ほど打ち取り、仏人ひとりを生
　け捕りにした由。
一この勝利の後、海陸官軍は残らず青森へ集結した。
一石炭不足なので送るよう手配をした。
一二時からオーシャン号へ行き、ノップスタ艦長に会
　う。乗船していたのは犯人の仕丁与三郎と思う。
一明朝東京府に帰ることにした。
同八日
○プロシアとイタリアの公使館へ参る。
○英公使の手紙を持ちシーボルト来る。
　○賠償金の催促。
　○在横浜各国から自国民の安全保持のため、
　　以前のように守衛兵を日中は出したい由。
　別に次の口上あり。

（1）高雄丸（アシュヴェロット）は座礁で戦闘に参加できず（同右書七五一七六頁）。
（2）実際は南部藩に降伏した（同右書八三一八四頁）。
（3）飛び入りで榎本海軍に協力した仏海軍士官ウジェーヌ・コラッシュとイポリット・ド・ニコール（同右書六〇頁）のうちコラッシュが捕虜となった（同右書八三一一〇四頁、『大外文二ノ二』七九五一七九七頁）。
（4）新政府艦隊は石炭不足で出航に遅れを来していた（『戊役戦下』七三四頁）。宗城が手を打っている。
（5）犯人、松田与三郎を首実検に連れて来ていた。

一明日出府補相(ママ)(1)始へ逢
　度よし
○三字帰着出仕議事
　一當今御處置之儀有之
○小一郎(2)松田召連出港のよし
同九日
○小一郎より松田召連英公使へ
　及應接候処甚立腹不都合宇
　和島ニ而可取扱よし也
　　右ニ付シーボルト公使今日
　　出港候や承ニ遣ス
同十日(3)
○英公使館へ大隈一同(4)参る
○廿一日、廿三日之無礼松田与三郎(5)
　之いたす處と口書(6)よみ爲
　聞よふ〱落意する
　　但頂役謝罪ニ出候様
○補相(ママ)始應接公使憤怒ス
　一去歳三月御布令東京ニハ

一明日東京へ出て三条などに会いたいとのことである。
○三時東京帰着。政府での会議に参加。
　一尊攘派処分について議論があった。
○小一郎が松田を召連れ横浜へ出港の由。
同九日
○小一郎が松田をつれて英公使館へ謝罪に行くと、公使はとても立腹して、宇和島公が担当するべきだと言う。
　右については公使が今日出港するかシーボルトに聞きに行かせた。
同十日
○大隈一行が英公使館へ行った。
○二十一と二十三日の侮辱事件は松田与三郎がしたとの口述書を読み聞かせてやっと得心したが、政府のトップが謝罪に出るよう要求した。
○輔相三条以下が公使と応接、公使は憤怒。
一去年三月ご布令の掲示が東京にはなかっ

（1）岩倉は正月十七日に輔相を辞任しているので、これは三条。
（2）宮本小一（みやもとおかず）、旧幕府神奈川奉行支配組頭。外国官御用掛六等官心得（『大外文二ノ二、付録二』五二頁）、外国官判事試補として仕丁松田与三郎を首実検に横浜へ連れていった（『大外文二ノ一』五六五頁）。
（3）この日軍務官お預けの浪士・浮浪親兵などをみな禁獄処分にした（『慶徳傳 五』）。政府は反開明派浪士・浮浪親兵などの弾圧に踏み切った。
（4）政府からは三条、徳大寺、蜂須賀、正親町三条、池田慶徳、広沢真臣、中島錫胤、外国官からは伊達、大隈、寺島、中島作太郎らが出て、誠意を

掲示無之下々弁別不致
候故急ニ不都合之儀も相生
朝廷真ニ懇親を不結事
相分候とて大不平
一英国兵隊居所抔の入費迠
も政府ニ而可払よし申立候処
此儀ハ程能談判にて
見合候事になる(1)
一廿一日刀之鞆(2)ニ手を懸候
者有之よし
一十三日英女王誕生日ニ付
祝砲之儀申立候事
同十一日
○今朝十字英公使へ参候約束
申所處(ママ)腰痛ニ付やめる
○昼時大隈来る今朝應
接荒々左之大意
一昨日補(ママ)相抔より不行届云々(3)
申述候処甚可慙事にて弥

たので、下々が新政の理解に欠け急に排外事件が相次いでいる。朝廷が真剣に懇親外交の気持がないことがよくわかったと大不平。

一英国兵駐屯所費用も政府持ちにと申し立てたが、これはほどよく談判で見合わせることになった。

一二十一日の事件では、刀の柄に手をかけた者がいたそうだ。

一十三日はヴィクトリア英女王の誕生日なので祝砲を撃つことを申し立てた。

同十一日
○今朝十時英公使へ行く約束をしていたが、腰痛のため中止する。
○昼どき大隈が来て、今朝の会談はあらあら左のようなことだった。
一昨日の三条などの「不行届きだった」などの釈明は恥ずべきことでますます政府

見せたのでパークスも妥協(『大外文 二ノ二』六九四—六九五頁、『嵯実日 三』五一頁)。
(5) パークスらに威圧行動を取った新典侍付仕丁(しちょう)。
(6)「くちがき」、口供書。

(1) 西洋人威嚇・襲撃の対応に各国衛兵が午後六時から翌朝六時まで横浜を巡邏。その施設を日本政府に要求(『大外文 二ノ一』六四五—六五二頁)。
(2)「鞆(とも)」は「柄(つか)」の誤記。『大外文二ノ一』五四四頁)。
(3) 不都合がある度に「不行届」でごまかされてきたことへの怒り(例えば『叢書③』五四頁)。

政府ハ不足依頼行届かずハ
届候様各国より處置可致抔
申依然憤罵之由
一大隈より断然政府依頼ニ
たらす各国より處置いたし
交際を絶候なら此方にも
其心得有之候故決答可
承英国抔三百年之治ヲ以日本
昨年より一新之処を論候ハヽ
百弊不除事可有之
処一概ニ論候ハ無法也
右等も不考如此申而ハ追々
可及談判事件も不片付
実につまらぬ事と申述候処
よふ〳〵折合十四日於横濱
可談よし
一政府役人わいろ取候事
散〳〵に申候由
○貨幣器械大阪にてハ迚モ

は信頼するに足らぬ。不行届きなら届くように各国が処置する、などと依然憤怒のうえ罵詈を述べたとのこと。

一大隈が言う。新政府がまったく信頼できず、各国が日本に圧力をかけて外交断絶するのなら、こちらにもその覚悟があるから最終回答を承りたい。英国などの三百年の治世をもって昨年一新したばかりの日本を論じれば、多くの弊害を除くことは難しく、一概に決めつけるのは無法というものだ。このような事情も考慮に入れず、最近のようなことでは追々談判すべき懸案も片づかず、実につまらぬことだと言うと、やっと折合いがついて十四日横浜で会談するそうだ。

一政府の役人が賄賂を取ることをさんざん言い立てた由。
○造幣事業は大阪ではとてもできない。悪

不相叶悪金一条抔此
一事當地へ移シ洋人雇ひ
製造と申処にて各国人降心
故是非〳〵移地可申由
同十二日
○暴客[1](ママ)断然御處置決ス[2]
同
○議政行政不混同所ニ評決[3]
○明日各国公使可致参會候故
出横申来
同十四日
○八字より乗船十字過着港
○二字過より伊太利公使館にて各国公
使應接
一償金[4]
一増税[5]
右二件談判委曲本官ニ奉
記有之
同十五日

金問題などの一事をとっても、東京に移し洋人を雇って製造させれば、各国人も安心するから、是非ぜひ東京へ移すべきだと英公使は主張した由。

同十二日
○古賀や暴力的な親兵などは断然処分に決す。
同十三日
○議政官と行政官の機能を混同しないと評決した。
○明日各国公使が参集するので横浜に出るように言ってきた。
同十四日
○八時に乗船十時過ぎ横浜港に着く。
○二時過ぎからイタリア公使館で各国公使と会談した。議題は、
一賠償金のこと
一増税のこと
右二件を談判する。詳しくは外国官本館に記録がある。
同十五日

（1）保守攘夷派古賀十郎と吉岡徹蔵が三月三日三条輔相へ推参し東幸反対を強談。それに池田慶徳が巻き込まれた（『慶徳傳』一二九—一三二頁）。四月十七日記事参照。「暴客」は古賀らと東幸妨害の親兵などを指す（「解説 二」）。

（2）外国人襲撃犯、軍務官に禁固の親兵・浪士なども断固として処分に決した。鍋島閑叟と池田慶徳はそれに異を唱えた（『慶徳傳』一二九頁）。

（3）一二一頁補注［15］。

（4）下関戦争賠償金支払い。

（5）茶・生糸の増税。これは賠償金の原資として各国と交渉。

○四字帰東京出仕スル
同十七日
○十字本館へ参る大隈昨夜帰り候よしにて出る
○十五日英本国よりバング監察カーダ来應接
○悪貨幣の事ハ御一新よりは傳承驚愕申候由
○政府いまた立兼候処へ五十万両も借候事公使之取斗不満足のよし甚六ヶ敷申立候赴也
○参朝因州十二日此度暴徒御處置ニ付同人へ当分御預り梁川藩と倉敷へ両名御處置可有之筈之処弁事へ御沙汰ハ少々見合候様因州より申聞置右両人へ公用人より云々及密示候より發革機密ヲ漏シ候事如何にも重職不似合候ニ付

○四時東京に帰着、出仕する。
同十七日
○十時外国官本館へ行く。大隈が昨夜横浜から帰着したそうで出勤してきた。
○十二日英本国からオリエンタル・バンク監査官カーダが来て大隈が応対。
○悪貨幣のことはご一新から聞いてはいたが、来てみて驚愕した由。
○政府がまだ立ち行かないのに五十万両も借り入れるのは、公使の取り計らいが悪いと、不満足気にいろいろ難しく言い立てたそうである。
○参朝。池田慶徳の十二日の暴徒処置については、当分暴徒を鳥取藩へ預け梁川藩と倉敷でご処置のはずだったが、弁事への執行指示は少々見合わせたいと因州が言い、公用人の沖が古賀、吉岡へそれを漏らして発覚。機密を漏洩したのは政府重職にあるまじきことで、弁事と監察官が尋問のため派遣さ

---

(1) 一一二頁補注［16］。
(2) 英国東洋銀行（オリエンタル・バンク）。公使パークスと組んで日本近代化の資金、技術、資材を提供し草創期の日本資本主義の確立に寄与した。
(3) ロンドン本店監査役ウィリアム・カーギルか（『東洋銀行』九六―一〇〇頁）。
(4) 旧幕府の横須賀製鉄所を手に入れるため、政府は仏の借款五十万両を東洋銀行からの借入れで決済しようと計画（『東洋銀』四頁、『昔日譚』三三九―三四四頁）。
(5) 古賀十郎と吉岡鉄(徹)蔵。五九頁注（4）（5）、六二頁注（1）、参照。
(6) 鳥取藩、沖探三（『慶徳伝五』一三一頁）、守固（もりかた）、絵師、官僚、政治家（『日近履』一二六頁）。

弁事と監察爲御尋問被遣候
○當職辞表補相（ママ）へ出ス池田黄門也(1)
同十七八日
○因州ハ今日香山(2)被差向候事
○小林周平(3)元バク英学商法ニ熟ス
當官限リ雇申付度丁（ママ）田山口申立候
同十九日
○諸侯廿一日被爲　召見込御尋
有之候事
○　外国官権判事　馬島（ママ）八郎(4)
同試補（ママ）　宮本小一郎(5)
○中井横濱當分在留
○江戸橋へ張札する(6)
○都築壮蔵北代忠吉
右至急箱館へ出張南貞介と合
併精細情実取調候様(7)
同廿日
○因州御處置其外評議有之

れた。
○池田中納言は議定の辞表を輔相に出した。
同十八日
○因州には今日神山を差し向けられた。
○旧幕府の小林周平は英語と商法に熟達しているので、外国官限りで雇いたいと町田と山口の両判事が言っている。
同十九日
○諸侯を二十一日に召されて、今後の政体のあり方をお尋ねになる。
○　外国官権判事　馬渡八郎
判事試補　宮本小一郎
○中井弘は当分横浜に在留。
○江戸橋へ張札をする。
○都築荘蔵と北代忠吉
この両人を至急箱館に派遣して、南貞介と協力現地事情を詳しく調べるように。
同二十日
○因州のご処置その他評議があった。

(1)この経緯は『慶徳傳 五』二二九－二三二頁に詳しい。
(2) 刑法官副知事神山佐多衛（こうやまさだえ）が引導を渡したか。慶徳は四月十四日から参朝停止（同右書二二九頁）。
(3) 一一二頁補注［17］。
(4) 佐賀藩士馬渡（まわたり）八郎（俊邁〈としゆき〉）。同藩石丸安世（いしまるやすよ）らとグラバー帆船で渡英、外務小丞、大蔵権大丞造幣頭（『人名』九四四頁）。
(5) 宮本小一（みやもとおかず）、旧幕府の神奈川奉行支配組頭。外国官御用掛六等官心得（『大外文二ノ二、付録二』五二頁）、外国官判事試補（『大外文一ノ二』五六五頁）。
(6) ①外国人攻撃を厳しく取り締まる②金札と正金

刑法取調如左
　池田中納言
議定被
免候上謹慎七日
五十日謹慎　　公用人
三日同　　弁事土井
右議定ハ固黄之処刑法調ヲ
一等寛典ニ相成由東久我等[1]ハ如
取調にて可然参与後板ハ是
非刑調通と申立候廣沢ハ肥
阿[2]同意也　古賀十郎[3]　吉岡鉄蔵[4]
○都築北代明日より出横する箱館
　南へ為用談也
○仙遠藤[5]京より来（ママ）
同廿一日
○寺島来ル明日より赴次第帰横
　筑前一条英[6]公使へ及應接候筈也
○仙より大堀直右衛門[7]十七日出立にて
来ル久我[8]モ於仙臺奸人[9]共夫々

刑法官の取調は、左記のとおり、
　池田中納言
議定罷免のうえ謹慎七日
五十日の謹慎　　公用人沖探三
三日間　同　　弁事土井
議定池田は基本の法律の量刑を一等減じられるようだ。東久世や自分はこの裁断に同調。後藤、板垣の両参与はぜひ法律通りと厳刑を主張。広沢真臣は閑叟や蜂須賀茂韶と同調し寛刑を主張。古賀十郎と吉岡鉄蔵はどうなるのか。
○都築と北代が明日から横浜に行く。箱館の南貞助と協議するためである。
○仙台藩の遠藤文七郎が京都から来た。
同二十一日
○寺島が来て、明日都合では横浜へ帰り、イカルス号問題を英公使と談判するはずと言う。
○仙台から十七日出立で大堀直右衛門が来た。久我も仙台の奸人どもをそれぞれ処分し、

との交換を禁止する張り札を江戸橋に出した。
（7）南貞助、都築荘蔵、宮本小一が東京外国官の箱館代表部を編成。二分金の真贋鑑定も仕事のひとつだった（『大外交 二ノ二』四〇八－四〇九頁）。

（1）東久世と宗城。
（2）徳島藩主。
（3）弾正台大巡察として横井小楠弾劾の罪状を探った（『横小楠』一二七四、六四五頁）。
（4）弾正台から外務小丞へ転じ、後にキリスト者となった吉岡弘毅（『慶徳伝』二二九頁では「徹蔵」）。
（5）遠藤文七郎（えんどうぶんしちろう）、川口邑主。尊王攘夷派の領袖で但木土佐らと対立。戊辰戦後処理に尽力（『仙戊人』

致所置其外可也片付候故
　發程のよし
同廿二日
○諸侯公卿四位以上於大廣間
御對面見込申出候様御沙汰(1)
○明日九字より十字頃英公使
應接
○サツ黒田良介(2)より当月十七日書状
到来
　八日松前へ進撃十二日夜
　賊夜打官軍大敗十四日二
　千進軍也
同廿三日
○英公使對話
　○増税長州償金之儀ニ付
　　書翰パークス調筆ニ直（なおし）候
　　事約ス
○黒田藩士英水夫暗殺一

その他かなり片付けたので出発のようだ。
同二十二日
○公卿四位以上は大広間で天皇とのご対面があるので、意見を述べるようにとお沙汰があった。
○明日九時から十時頃英公使と会談する。
○薩摩藩士黒田良介から今月十七日付書状が到着した。
　八日松前へ進撃。十二日夜賊軍に夜討ちをかけるも官軍は大敗し、十四日は二千の大軍で進軍と云う。

同二十三日
○英公使と対話
　○絹茶の増税で賠償金をまかなう件でパークスの意見を入れて書翰を直すことを約束した。
○福岡藩士の英国水夫殺害の一件に関係する

六四―六七頁）。仙台騒擾関係の用件か。
（6）大隈がイカルス号犯人として筑前藩士金子才吉を特定。
（7）仙台大番組大堀直右衛門。槍術家（『仙人辞』二三二頁）。
（8）久我通久（こがみちつね）、仙台鎮撫軍総督。
（9）仙台降伏後のいわゆる仙台騒擾で佐幕派として処分された旧仙台藩士たち。

（1）『史要』一三八―一三九頁。
（2）黒田清隆（くろだきよたか）、明治二年二月箱館追討参謀（『百官 一』一〇九頁）。

条六人のもの呼越候儀早々
可取斗才吉日盡モ
證人無之不審のよし
○有馬やしき公使館ニ望候也
○新貨幣早々處置候様[1]
○墺太利亜より條約取結
使節可参旅斎[2]
軍艦三艘可参
○佐渡港の代能州[3]七尾
碇船場と相成度パークス
見込のよし
同廿四日
御城外写真申度由申立候
ニ付外国官へ懸合候上と爲申
置候事
○内廓外国の平人通行留
懸合有之候猥ニ相成候右
可取調候事
○駿藩

六人の藩士の召喚を早々取り計らうべきで、日にちが経っても犯人金子才吉に証人はなく、不審の由。
○有馬屋敷を英公使館に望んでいる。
○新貨幣は急いで処理するように。
○オーストリアから条約締結使節が来るので旅宿の用意。
軍艦三艘で来る。
○佐渡港の替わりに能登の七尾を碇泊場としてほしいとパークスが見込んでいるそうだ。
同二十四日
皇城の外の写真を撮りたいと言ってきたので、外国官へ掛け合いのうえと、伝えておいた。
○城廓内の外国市民の通行止について交渉があった。節度を失しないようにこれを取り調べること。
○駿府

(1) 宗城は外交問題化している貨幣の改革を大隈に託している。
(2) 旅宿。
(3) 能登国。

仏国へ　栗本貞次郎(1)
米国へ　勝　小鹿(2)
　　　　庄 高木三郎(3)
　　　　仙 冨田鉄之助(4)
魯国へ　市川文吉(5)
右之者共米国へ留学如薩士(6)官より御手当可被下事
同廿五日山田市之丞(7)
○松前より報告八日より戦争十八日迠之光景也江刺松前ヲ乗取候長兵松前近傍砲臺攻落ス死痛十人斗
○敵熟練兵急ニ難攻取持久之策ニ決居候よし援兵千人弾薬等送候様　四月廿五日立
○大原知事被免候事(8)
○有馬邸ヲ英公使館に望候故乞評議候事
同廿六日今日より不参

仏国へ　栗本貞次郎
米国へ　勝　小鹿
　　　　庄内藩 高木三郎
　　　　仙台藩 冨田鉄之助
魯国へ　市川文吉
右の者共米国留学の薩摩藩士のように、政府からお手当を下されるべきこと。
同二十五日 山田市之丞書状。
○松前からの報告、八日から十八日までの戦争の状況なり。江差、松前を乗っ取り、長州兵が松前近傍の砲台を攻落した。死傷者は十人ばかり。
○敵は熟練兵で急に攻略は困難で、持久戦に持ち込んだ由。援軍千人、弾薬なども送るように。四月二十五日書翰出す。
○大原重徳卿は刑法官知事を免ぜられた。
○有馬屋敷を英公使館に望むので評議を求めた。
同二十六日 今日からは出勤しない。

---

(1) 栗本鋤雲（くりもとじょうん）の養嗣子。
(2) 勝小鹿（かつころく）、海舟（かいしゅう）嫡男。一二二頁補注[18]。
(3) 高木三郎（たかぎさぶろう）、庄内藩。幕府の軍艦操練所を経て米国留学（「近日肖」）。
(4) 小野邑主家生まれ、仙台藩若年寄。勝塾に学び渡米。帰国後政財界で活躍（『仙戊人』二六四―二六七頁）。
(5) 市川文吉（いちかわぶんきち）。一二二頁補注[19]。
(6) 『叢書⑤』九九頁に記載された米国在留薩摩藩留学生か。
(7) 長州藩士山田顕義（やまだあきよし）。箱館総督府海陸軍参謀（『百官』一三二頁）の松前戦況報告

○過日之辭表(1)御許容迄ハ今日より致不参候事
○夕景英公使来大隈中井参(2)
○英公子取扱一条
○張札之事
○箱館報告の事
○仏人戦地ナラ打取不苦亦捕後候得ば殺間敷よし
○冨田鑛之助帰着ス
同廿七日
東久鍋中へ及書通候処返事左之通　大意也
東久
昨今政府内大波瀾実ニ大困却大疲弊ニ御座候明日ハ御出仕被下度御辞表ハ明日御指返(3)ニ可相成
鍋中
御辞表御許容之儀ハ如何可被

○四月十六日提出の辞表ご許容までは、今日から出勤しない。
○夕方英公使が来て大隈、中井も来た。
○英王子来日への対応の件。
○張り札のこと。
○箱館戦況のこと。
○仏人は戦場なら殺してもよいが、捕虜になれば殺してはならぬ由。
○冨田鑛之助が仙台から帰着した。
同二十七日
東久世と鍋島中納言に宛てた書簡の返事があった。その大意は、
東久
昨今の政府内の大波乱で実に大困却大疲弊です。明日はご出仕下さるよう。お辞表は明日ご返却になるはずです。
鍋中
お辞表ご許容の件はどうなりましたか。私

と思われる。
(8) 木戸は大原刑法官知事を肥後、筑後攘夷派の黒幕と見ていて(『木孝日 一』二〇六頁)、大久保も廟堂反対派の首領と見なしていた(『大利日 二』三七頁)。四月二十五日刑法官知事罷免(『補任』一三九頁)。

(1) 四月十六日に宗城最初の辞表を提出。一一二頁補注[16]。
(2) 以下四個条は会談の内容。
(3) 宗城の辞表を政府は受け取らない。

ゐ在哉僕モ明日ハ辞表差
上候心得ニ御座候
同廿八日
○御用ニ付今日可参旨通達候処
所労ニ付今ハ不参候事
○午時補相（ママ）より書通大意左之通
東久世より内々申入候通彼是
紛々之事情(1)も有之苦慮
罷在候貴卿ニも御盡力是祈候
御辞表之儀ハ何レ其内ニ御
沙汰モ可有之候何分今日之政
府中協和実ニ至急之儀
候間御参　朝御座候様云々
○即刻供揃(2)東久へ参話ス
○岩卿行政官へ出座せぬよし
○金札之事
○池田之事
○参与不平の事(3)
一昨廿七日朝岩卿英公使へ

も明日は辞表を出すつもりです。
同二十八日
○ご用につき今日出勤するよう達しがあったが、不調で今は行けない。
○午後三条からの書状が届き、大意左の通り。
東久世から内々お耳に入れたように入り乱れた事情があって苦慮しています。貴卿にもご尽力の程祈っており、辞表はいずれその内にお沙汰があるはず。何分今日の政府内の協和を実に至急に打ち立てたいので、ご参朝されますよう云々。
○即刻供揃えで東久世へ行き話す。
○岩倉卿は行政官へ出ないとのこと。
○太政官札改革のこと。
○鳥取藩主池田慶徳のこと。
○参与不平のこと。
一昨二十七日の朝岩倉卿が英公使と会談した

(1) ①攘夷運動②弾正台の暴走③三条と岩倉の疎隔④天皇東幸（遷都）反対③版籍奉還への不満など、新政府最大の危機を迎えた（『慶徳伝 五』 二一七頁、「解説 二」）。

(2) 攘夷派の襲撃に備えていたか。

(3) 土佐系の不満か（次頁一二一一四行）。

對話候よし
○四字出仕
○補（ママ）相卿より密話
○岩卿ハ議政官出仕(1)
○鍋中機密懸(2)辞退候得共
先東久両人如是沾いたし
被置度よし
○金札一条大隈如見込(3)施
行可相成決議今日被
仰出候よし
○因中寛典之方慎七日
○岩卿今朝後藤板垣へ被
参候處決而不平にてハ無
之依旧出仕可申由
○評議当今之時機ヲ失候而ハ
不可薬(4)ニ付各戮力同心勉
励可申六官(5)ハ各官之見込
無腹蔵早々可申立よし
○鍋中辞機密懸候事

そうだ。
○午後四時に出仕。
○三条輔相から密話。
○岩倉卿は議政官にのみ出仕。
○議定鍋島閑叟は機務掛を辞退したが、まず鍋島と東久世両人はこれまで通りにしておきたいとのこと。
○太政官札改革の一件は大隈の意見どおりに施行すべきと決議。今日仰せ出されるとのこと。
○池田中納言は慎七日の寛典決定。
○岩倉卿が今朝後藤、板垣のところに行かれ決して不平ではない、従前通りに出仕すると話していた由。
○当今の時機を失すれば元に戻せないのでそれぞれ同心協力して励むべく、六官は各官の見通しを腹蔵なく早々申し立てるよう評決したとの由。
○鍋島中納言は機務取扱を辞任した。

（1）行政官を離れて危険を避ける意図があったか。
（2）版籍奉還に動いた宗城の義弟、鍋島閑叟（『閑叟傳』三三九－三四〇頁）は四月十四日に行政官機務取扱（『史要』一三七頁）を拝命したが、二十八日に辞意表明（『閑叟伝』三七九頁）。大久保一藏と副島種臣が五月十二日に機務取扱を拝命（『天皇紀二』一二六頁、『史要』一四二頁）。
（3）三月晦日、大隈は会計官副知事を兼任し（『百官一』六六頁）、太政官札改革や貨幣制度の確立に邁進。
（4）「薬（いやす）」。
（5）この時点での六官は神祇、会計、軍務、外国、刑法、民部（『補任』一三五－一四七頁）。

是迠行政之致候事ヲ
細務と云ふ同意也(1)

○町田より今日御城へ出候處御尋問ハ
金札事件ニ付御布告文也(2)
一通拝見而已新金御鋳造之上夫々順序相立是迠の
金(3)即も被渡等の事

同廿九日

○外国官にて議決
英公使申出候処今より五十日程して
英国公子(4)来着可申ニ付右接
遇且濱殿石室(5)取繕等御
用向取扱候様左之通申付候
町田五位
宮本小一郎

○於仏国日本コンシュル相勤候
者(6)より之書翰

○容堂より所労ニ付制度量(ママ)

これまで行政がやってきたことは細務だという。同感だ。

○町田が今日皇城へ出たところ、お尋ねは金札処理についてのご布告文であった。一通り拝見しただけだが、新貨幣鋳造のうえそれぞれ順序立てて、これまでの金銀も交換されるなどのことだった。

同二十九日

○外国官で議決。
英公使の申し出によれば、今から五十日ほどして英国の公子が来着するので、その接遇と浜御殿の延遼館の修繕などの担当を、左の官員に申し付けた。
町田五位
宮本小一郎

○在仏日本領事を勤める者から書簡が来た。

○容堂から体調が悪く制度寮総裁を辞任した

---

(1) 戊辰役勝利後の制度改革の細務にしか与れないことに両者が反発。
(2) 七九頁注（1）参照。
(3)「銀」か。
(4) ヴィクトリア女王第二王子、エディンバラ公アルフレッド・アーネスト・アルバート（Duke of Edinburgh Alfred Ernest Albert）。海軍大佐、軍艦ガラテア号艦長として来日、新政府最初の国賓（「日英交」）。
(5) お台場にあった幕府海軍の石造建築を「石室」（読みはセキシツか）と呼んだようで宗城はこの語を慣用。石室を使節接待の延遼館として使用（『史要』一四二頁、「延遼館」）。
(6) ポール・フリュリ＝エラール。幕府が在仏総領事に任命していた（「有利」

総裁⑴被免度よし補（ママ）
岩へ申述くれ候様被相頼候
　内意ハ断然不動之
　　朝権モ不相立訳也
○岩卿より此度大碁（ママ）礎被爲定
　候ニ付主意委縷陳述
○補（ママ）相へ以書通申遣候事

五月朔日

○夕英公使来ル
○公子八月初旬日本六月末ニハ
　可參旨申来候ニ付弥御接
　遇被下候哉承度
　　明日ニハ決答可申入候
○高輪有馬邸公使館ニ
　弥望敷由外御城近所へ
　手狭にて宜候間用向取
　扱候場所一屋敷望敷
　よし
○石室居留中入用諸器

いので、その旨三条と岩倉へ伝えてほしいと依頼された。
　真意は世情不穏と内部抗争で不動の朝権も確立できないためである。
○岩倉からは今度政府の大基礎を定めるとしてその趣意を詳しく述べた。
○三条へ書状で意見を申し遣わした。

五月朔日

○夕方英公使が来た。
○英王子は八月初旬旧暦六月末には来日の通知あり。いよいよご接遇下される運びになるか伺いたいと言う。
　明日には決答できると話した。
○英公使が、公使館として高輪有馬邸を非常に希望している。それに手狭でも良いから宮城に近く用向きを処理できる場所を希望しているとのことだ。
○延遼館居留中に必要な諸道具は香港で調

三九－四〇頁）。

（１）二年四月十七日から五月七日まで制度寮総裁（『補任』一五一頁）。後任は関叟で容堂は上局議長へ（『補任』一四一頁）。

物ホンコンにて調候ハヽ可也出
来右ニ付英士官ホンコン奉
行ニ付居候もの居合候故
同人被遣候而ハ如何四日ニハ
飛脚便有之赴ニ付頼
置候事
　但諸事爲引合明日
　町田宮本参候筈也

同二日
○中井へ外国御交際之事ニ付
　御沙汰書面案(1)取調候様申置候
　○後藤一条(2)
　○機密漏泄一条
　○五代造幣懸一条(3)
　右密話
○宮本脇屋之事申置候
○大(4)仏国之日本コンシュル(5)一条補相（ママ）へ
　書付廻有之受戻シ可申事
○大英第二王子接遇ニ決度

えればほとんど間に合うので、英国士官が香港総督であり、詳しい者も居合わせているので、その者をお使いになったら如何と公使。四日には飛脚便船が来るようなので私（宗城）からも頼んで置いた。
　また種々打ち合わせのために明日町田と宮本が来るはずだ。

同二日
○中井弘へ外交問題の諮問答案について調べるよう申し付けておいた。
　○後藤の造幣司監督不行届の件。
　○池田慶徳の過激派への機密漏洩の件。
　○五代の造幣掛の一件。
　右について参考までに中井へ密話に及んだ。
○宮本と脇屋のことを話しておいた。
○大在仏日本領事の一件について、三条へ書類を出しているので請け戻すべきこと。
○大英第二王子を天皇が接遇すると決めたい。

（1）二月二十八日岩倉は外交、会計、蝦夷地の三問題を朝議にかけることを三条に建言（『大外文 二ノ一』三六七―三七七頁、『岩倉 中』六九六―七〇四頁）。外交に関する答申原案作成を宗城は中井弘へ命じた。
（2）長岡右京事件についての大阪府知事後藤象二郎の責任（「解説 一」）。
（3）五代派の三岡派追い落とし事件（「解説 一」）。
（4）意味不明の記号。
（5）六九頁注（6）。

但布告文案之事

○右御決定相成候ハヽ、パークスより吹聴申聞候上ニ接遇之儀可申達事

○大 有馬邸替地多久与兵衛へ可談候

○議定評議

○弾正臺可被置(1)

○澤左衛門急召外国知官事(2)

○若松へ平松可被遣(3)

○切支丹處置(4)

○大隈英公使へ對話貨幣之話也

同三日

○朝廷

一英公子御接遇決ス御對顔済濱殿へ爲御挨拶親王可被遣旨

○鍋中議長(5)ニナル

○蝦夷地開拓布告学校取調候様

同四日

ただし布告の文案も決める。

○右のように決定したらパークスに公表させ、接遇についても伝達すべきこと。

○大 有馬邸替え地の件を多久与兵衛へ話さなければならぬ。

○議定が次の条々を評議した。

○弾正台を設置するべし。

○沢宣嘉を早く外国官知事にする。

○会津若松へ平松を派遣する。

○切支丹の処置。

○大隈が貨幣問題で英公使と交渉。

同三日

○朝議で、

一英王子招待を決定。陛下とのご対顔が済めば、ご挨拶に親王を浜御殿に派遣なさること。

○鍋島中納言が上院議長兼任。

○北海道開拓の布告を行い、学校制度の調査に取りかかるよう。

同四日

---

(1) この時点で宗城は弾正台が保守派の牙城になると予測していない。

(2) 辞退してなかなか請けなかったが五月九日から外国官知事(『補任』一四五頁)。

(3) 平松時厚(ひらまつときあつ)。弁事、岩代県巡察使(『補任』一七一頁)。

(4) 五島の切支丹問題が焦眉の急。

(5) 上院議長兼勤(『閑叟傳「年表」』二二二頁)。

○町田パークスへ遣す
○上原鈴木上伊与より着ス
○高松[1]攘夷論主張押小路
内察[2]密應シ居候事
◎朝蝦夷開拓之事自分にて
引受候様岩倉申候故尚
退考返答可申と答候也[3]
○ギ
奥羽諸藩首謀之夫々如申出切腹候也
會藩
秋月悌次郎[4]
手代木直右門[5]
右両人ハ永禁固此外自訴之者尚於
刑法一應取調可申丹羽丹波[6]同様
○蝦夷開拓局[7]御構可相成ニ決ス
懸議定参与より壱人ツヽ
松浦竹四郎[8]
島　五位[9]
佐原志賀之助[10]
其外三人程

○町田をパークスへ派遣した。
○上原、鈴木、上伊与から到着。
○上原らの報告。高松は攘夷論を主張し、
押小路が内密に呼応している。
◎朝議で北海道開拓を私が引き受けないかと
岩倉が言うので、なお帰ってよく考えて返
事すると答えた。
○ギ
奥羽諸藩の首謀者はそれぞれ申出のように切腹した。
会津藩
秋月悌次郎
手代木直衛門
右の二人は永禁固で、その他自訴の者はな
お刑法官で一応取調べる。丹羽丹波も同様。
○北海道開拓局を設けることに決定した。
議定、参与から一人ずつ掛を出す。
松浦武四郎
島　五位
佐原志賀之助
その他三人ほど

(1) 偽官軍事件で担がれた高松実村（たかまつさねむら）（『人名』五七二頁）に押小路実潔が内応（『天皇紀 二』一二九頁）。
(2) 「密」の誤記。
(3) 政府の中枢から宗城をはずそうとする意図を宗城はどう受け取ったのか。
(4) 終身禁固だったが特赦のあと東京帝国大学・熊本第五高等学校教授（『人名』一一－一三頁）。
(5) 手代木勝任（てしろきかつとう）。京都守護職で軍事奉行副役、大監察として奥羽列藩同盟を周旋（『人名』六四三頁）。
(6) 二本松藩士丹羽丹波は永預かり（『天皇紀 二』一二〇頁）。
(7) 明治二年七月八日の官制改革で開拓使が設置され『史要』一五二頁）、同

○町田より濱殿公子参
朝之御挨拶旁親王可被遣旨
爲及應對候処ミットホルト(1)より今般公
子着ニ付てハ御沙汰之赴に而ハ甚御面
倒相成且平人とハ次第モ相変リ候処
却而右様之次第等より
天朝之御栄名をも相濊（けがし）候時機ニ
立至候事も如何ニ付公子来着之上ハ
密ニ英館へ留置自然東京へ罷越
度願モ有之候ハバ是亦公使館内へ留
置候様可致旨也
　但パークス不平と察候故尚又
　　可議事
○六日八字より議参外国官判事
　とも出頭候筈
端午
○参賀
同六日
○八字過参内議参外国官中

○町田から、英公子参朝のご挨拶かたがた浜御殿へ親王を派遣する旨を相談させたら、ミットフォードが、公子来日についての日本政府の対応次第では、はなはだ面倒になり、かつ普通の人とは違うのだから、そのような計画よりは朝廷の栄名を汚さないためにも、公子が来日したら、密かに英国公使館へ居留してもらい、自然に東京へ出させたいと願うので、とにかく公使館内に居留させたいとの意向である。
　但し、パークスが賛成しないかもしれないので、なおまた話し合うべきこと。
○六日八時から議定、参与、外国官判事が参朝してこの件を相談する予定である。
五月五日 端午
○参賀。
同六日
○八時過ぎ参内。議定、参与、外国官判事の

十三日閑叟が初代開拓長官就任（同右書』一五四頁）。
(8) 伊勢須川村郷士。探検旅行家として北海道はじめ日本中の地誌・民俗を探求。宗城はインフォーマントとしての武四郎の保護者であり、若干の武四郎資料が伊達文化保存会に残存（「シンポ武四郎」）。
(9) 島義勇（しまよしたけ）、佐賀藩。開拓判官。のちに佐賀の乱に巻き込まれて刑死（『人名』四九一頁）。
(10) 箱館府の蝦夷開拓御用掛（「北史料」）。

(1) アルジャーノン・バートラム・フリーマン・ミットフォード（Algernon Bertram Freeman Mitford）、英公使館一等書記官（『叢書⑦』四〇頁）。貴族ミットフォードは心配したが、平民パー

各国へ使節可被遣事
○仏国之コンシュル(1)は此方より領事官被遣候時ニ可被断事
右両条決ス
◎外国交際之英王子御接遇等　廟議被決候ハヽ布告可有之筈
○切支丹之事信向徒移ス不移亦後藤内地へ移等不決
○水戸昭武(2)より返書中英国にてハ大君舎弟と申所にて公子之取扱ニいたし候様存候由尚明日参朝候様申遣す

同七日

○朝通商司開港場へ被仰付候人物申立候事(3)
○明日八字より出頭候様
○仏モントブロー(4)對説(ママ)左之通
一モン昨日井関(5)沾申述候箱館ニ而

中から西洋各国へ使節の派遣が必要。
○今の在仏総領事はわが国がパリに領事館を設けるときに罷免すること。
右の二条を決議した。
◎外交儀礼としての英王子ご接遇などは、廟議決定のうえで布告が行われるべきである。
○五島の切支丹信者を北海道へ移送させるかどうかの議論は、後藤の内地移送論などもあり、決せず。
○昭武の返書に、英国では将軍の弟の扱いと言ったところで、公達(きんだち)の扱いにされているようだとの由。なお明日参朝するように申し遣わした。

同七日

○朝、通商司の開港場へ派遣する人物について意見を述べておいた。
○明日は八時から参朝を命ぜられた。
○仏公使館員モンテベッロとの対話は、
一モン言う昨日井関へは言いましたが、箱館で

クスは意に介さなかったのか。

(1) 幕府によって在仏日本総領事に任命されていたフリュリ＝エラールは解雇され、あとに鮫島尚信が就任した(「有利」三九―四二頁)。

(2) 徳川昭武(とくがわあきたけ)、民部大夫。斉昭の第十八子。留学帰朝後水戸藩第十一代藩主(『人名』六五五頁)。

(3) 宗城が木戸、岩倉の慫慂を受けて、保守派の標的となった伊藤俊輔を通商司知事に推薦したと思われる。伊藤は五月二十六日就任(『伊藤伝　上』四五一頁、「解説　三」)。

(4) 仏公使館書記官、ギュスタヴ・ルイ・ランヌ・ドゥ・モンテベッロ伯(Comte Gustave Louis Lannes de

仏脱人召捕候儀ハ御承知
候や
致承知
一五人と申上候処是ハ士官分
にて外ニ商人とも入九人ニ相
成一体ハ十人ニ候得共一人不
相分由[1]
一是迄度々公使[2]にても本
国政府之命令ニ背候
訳ニ付罷帰候様申遣候得共
脱走人[3]之儀徳川脱人にても
彼是申差留め旁不罷帰
よふく此度降参申候故早
速態々軍艦ヲ以本国へ
差遣国法之裁許ニ相成
可申
一右公使[4]配慮にて降伏申
候段相心得候処兵威ヲ以処
置候ハヽ召捕候儀是迠モ出来

仏脱走人が捕虜になったことはご存じでしょうか。

宗言う承知しています。

一モ五人と申し上げましたが、これは士官だけで、ほかに商人を入れると九人になり、全体では十人になるのだが、一人はわからないそうです。

一モこれまで度々ロッシュは本国政府の仏兵士を帰国させる命令に背き、軍事顧問団の脱走兵は幕府脱走人からあれこれ言われ差し止められて帰国も出来ず、やっと今度降参したわけです。早急にわざわざ軍艦を出して本国へ送還してフランスの法律によって裁判いたさせます。

一宗ウトレイ公使の配慮で降伏したのは知っていますが、武力を行使すれば逮捕できそうなのに、旧幕残賊を退治できなかったたた

Montebello)(『叢書⑤』五四頁)。公使は、マキシミリアン=アンジュ・ジェ・ウトレイ(Maximilien-Ange G. Outrey)(「有利」四一頁)。

(5)四月十七日神奈川県知事兼任(『補任』一七五頁)。

---

(1)仏軍人の捕虜は、ブリュネ、カズヌーヴ、マルラン、ビュフィエ、フォルタン(『幕日フ』一四九頁)、コラッシュ、ニコル(『幕維』六〇頁)、コラトー。

(2)前公使(元治元年―明治元年)レオン・ロッシュ(Leon Roches)。ロッシュを指揮していた外相、エドゥアール・ドゥルーアン=ドゥ=リュイス(**Edouard Drouyn de Lhuys**)が更迭され、後任のムスティエ外相は英国との協調に配慮した(『幕日仏』一七六―一八八

そふなもの徳川脱賊も
取障難申筋と存候
一何分脱走人故存念通り
運ひ兼其処ハ氣のとく
ニ存候よし乍然此度召捕
候故公使仏国にて徳脱人は
不相助実跡にハ相成候
一尤と存候此上之處置にて
天皇陛下にも弥満足可被致
と存候
一九人之面々仏政府に而相當
之處置候得ば其赴承度
且此度召捕者共脱賊ニ荷
膽(ママ)いたし候より今日迠之次第モ訊
問之末承度捕得候手續も同段(ママ)
頼入候
一委曲畏候早々公使へ可相傳候
一箱館ヲ軍艦ハ何頃出帆にて戦
争もよふハ如何此方へも今明日ニハ

め、今までかかったと思います。
一モなにぶん脱走兵なので思うようには運び
かねて、それはご心配をおかけしていると
思います。しかし今度の逮捕で公使と仏国
が幕府脱走人を助けなかった実績にはなり
ましょう。
一宗もっともなことです。今度の処置で天皇
陛下もいよいよご満足なさると存じます。
一宗この九人は仏政府で相応の処置があるで
しょうから、それを承け賜わりたい。彼ら
が幕府脱賊に加担してから今日にいたる経
緯も尋問の結果を知りたく、逮捕にいたっ
た手続きも同様によろしくお願いいたしま
す。
一モ詳細なご意見を早々に公使へ伝えます。
一宗貴艦は箱館をいつ頃出帆し、戦争の模様
はどうなっていますか。こちらへも今明日

頁)。
(3)仏軍事顧問団からの脱走兵。
(4)ウトレイ仏公使。

報告可有之候得共甚待兼候故
承度候
一私事ハ昨日軍艦へ帰直ニ出府被申付故委敷ハ不承其上此軍艦へハ士官たりとモ
出入り厳禁
に御座候故傳聞モ無之公使手許ニハ分リ居可申故歸港之上相傳可申上候
一先日奥州鍬形海上戦(1)ニ脱賊敗北シ上陸いたし候處官軍追撃之時日本人之なりいたし候外国人召捕候處貴国人(2)也是は軍務官ニ留置吟味し居候過日足下より風聞ニ付判事迠問合有之候処實正故此段公使へ可被傳候
一畏り候早々可申聞候右ハ何卒早々引渡被下度実は九人の者と一同本国政府へ差遣度夫迠ハ軍艦爲待置候様可相

中には報告があるでしょうが、非常に待ち遠しいのでお伺いする次第です。

一モ私は昨日帰艦し、直ちに出府を命令されたので詳しくは存じません。そのうえ軍艦へは士官たりとも出入りは厳禁なので伝聞する機会もありません。公使の手元ではわかっているかと思いますから、横浜帰港のうえでお伝え申し上げます。

一宗先日の宮古湾海戦では賊船が敗北、上陸逃走するのを官軍が追撃の時に日本人に化けた外国人を捕縛したら貴国人でした。この者は軍務官に留置して吟味しております。過日貴方から噂を聞いたので軍務官判事に問い合わせたところ事実でしたので、その旨公使へお伝え下さい。

一モ畏りました。早々申し伝えます。この人々はどうか早めに引き渡して下さい。実は九人をまとめて本国政府へ送還したく、それまでは軍艦を待機させなくてはならない

（1）宮古湾海戦の主戦場は一名鍬ヶ崎湾と言った（『戊役戦』七三五―七三八頁）。
（2）高雄艦（アシュヴェロット）には仏海軍脱走兵ウジェーヌ・コラッシュが乗船し捕虜となる（『フ幕維』七二―七三頁）。

成故願上候
一致承知候最早今明日にて
軍務官吟味も可相済此方へ
留置ても無益故明後
九日ニハ引渡候様尚可取斗候
一陸海いつれに相成候や
一多分船にて横濱へ可遣候
一夫なら大ニ都合宜敷直ニ軍
艦へ為乗移禁固可申候
一致承知候河蒸氣廻候
次第為取斗候
同八日
一朝議参會議金札之儀當節
御沙汰之主意(1)ハ是非〳〵貫徹
不致シテは不相済行ル丶と
行レザルトは
朝廷之立と不立ニ関係致候
故御赴意ヲ不致奉行ものハ
三都其外とも厳に御處置

のでお願い申し上げます。

一宗承知しました。そろそろ今日明日で軍務官の取調べも済むでしょう。当方に留置しても意味がないので、明後九日にはお渡しするようすぐ取り計らいましょう。

一モ海陸いずれになりましょうか。

一宗多分船で横浜へ送ることになります。

一モそれなら大変都合がよい、直ちに軍艦へ乗り移らせて禁固を申し付けます。

一宗承知いたしました。川蒸気船が来しだい取り計らわせます。

同八日
一朝の議定・参与会談で、今回の金札改正方針の趣旨はぜひぜひ貫徹しなければならないと決した。実行するとしないのでは朝廷が成り立っていくか成り立たないかに関係する。

したがってご趣意を実行しない者は、三都はもちろんそれ以外でも厳しく処分をする

（1）新貨幣鋳造を決意した政府は、太政官札（金札）と正金の交換ならびに市場相場値（ね）での金札使用を厳禁したうえで（四月八日『法全書』一四二頁）、金札と新貨幣（金銀貨）との等価交換を保証し（四月二十九日『法全書』一六一頁）、五月二十八日には二年冬から五年までに新貨幣と交換することを布告（『法全書』一九一頁）。

可有之筈別而重職勤居候
モノは自国の處実行
候様處置可有之由補(ママ)相被
申聞候事
○岩倉より左之ケ条早々官にて商
議候様被申談候事尤過日御評
議不決故也
第一
各国と御交際被続候上ハ
同盟国と御交誼ニ付御取
扱可有之ケ条各国之振合(ふりあい)ヲ以取調
差出候ハヽ
廟議の上御布諭可有之
事
第二
英公子参　内一件
第三
各國へ使節可被遣旧
幕時分之儀取調の事

べき筈。なかんずく政府の重職にある者は
自分の国々で実行するよう処置すべきだ、
との三条輔相の訓話だった。
○岩倉から次の条々を早急に政府で協議する
ように話された。過日に結論が出なかった
からである。
第一
各国と外交関係を続ける以上は、同盟国
と交誼であるから、取り扱う個条を各国
ごとに比較検討して差し出せば、朝議の
うえでご布告があるであろう。
第二
英公子参内の件。
第三
各国へ使節を派遣するにあたり、旧幕府
の事例を取り調べること。

第四
英仏へ料[ママ]事官(1)可被遣ニ付都
合向如何
第五
蝦夷開拓局(2)可被構
但英人雇入測量の事(3)
第六
清国朝鮮互通の事
第七
切支丹徒當節ハ寛典(4)
尓後嚴罰之應接可
出来やとの事
但自分ハ寛猛前後相違
候儀ハ應接ハ不出来條理
無之様存候
第八
英公使館久留米邸の事
同九日風邪ニ付不参
○仏捕人(5)於横濱今日公使館へ引

第四
英仏へ領事官を派遣すべきだが、段取り
はいかがであろうか。
第五
蝦夷開拓局を設置するべきである。
但し、英人を雇い測量させること。
第六
清国および朝鮮と外交関係を結ぶこと。
第七
切支丹信徒を当面は寛典として、その後
は厳罰に処することで交渉はできるだろ
うか。
但し、私は寛猛の前後が違っていては
外交交渉は出来ない。条理に適ってい
ないと思っている。
第八
英公使館を有馬屋敷に移す問題。
同九日 風邪で不参。
○今日横浜でフランス人捕虜を公使館へ引き

（1）領事官。

（2）七月八日開拓使を設置（『史要』一五二頁）、鍋島直正を長官とした（同右書一五四頁）。

（3）四〇頁注（1）。

（4）五月二十二日の公議所会議でキリスト教徒に笞刑以上の厳刑を否決（『天皇紀 二』一一二頁）したが、政府に採用されなかった。

（5）コラッシュは明治二年五月七日に横浜に移送された（『フ幕維』一〇〇頁）。

渡候事
○横港風聞仏軍艦中榎本(1)永井(2)等遁潜之由モンプラン(3)も致探索候筈
同十日不参
○英公使来る高輪有馬邸の事致談判夫より今日吉井弘(ママ)輔(4)参親兵八百人斗無頼徒有之よし相話候処是ハ當時印度亜より彼地土人ヲ取立候練兵法承知致候実戦もいたし候故此人御雇に相成為致傳習候ハヽ可然尚横濱にて幸輔へ為逢候よし
○町田来ル可議ケ条書付下る
○東久より明後十二日参与會議申来候制度之事也
同十一日休日
同十二日

渡した。
○横浜での噂では、仏軍艦中に榎本や永井などが潜んでいる由。モンブランも仏人を探索している筈だ。
同十日 参内せず。
○英公使が来て高輪有馬邸のことを談判。それから今日吉井幸輔が来て、八百人位の無頼漢が親兵に採用されていると言うので、それは今インドで土地の土人を採用して軍事訓練をさせたら実戦もできるようになったのだから、その人々を雇って訓練するのがよい。そして幸輔が横浜でインド兵に会えるように手配した（インド兵の実態を知るために幸輔に観察の機会を作った）。
○町田に検討個条を書面で下げ渡した。
○東久世から明後十二日参与会議の通知があった。制度（国の形）について論じる由。
同十一日 休日
同十二日

（1）榎本武揚（えのもとたけあき）、幕府海軍副総裁。蝦夷島総裁として新政府に抵抗。五月、黒田清隆の軍門に降った（『人名』一六七頁）。
（2）永井尚志（ながいなおむね・なおゆき）、幕府若年寄格（『人名』六八八頁）、榎本政権では箱館奉行（『戊役史』七一八頁）。
（3）シャルル・ド・モンブラン伯（Comte Charles de Montblanc）、フランス生まれのベルギー貴族、薩摩藩の在欧代弁者だったのを新政府が総領事として採用（『叢書③』四六一－四八頁。『叢書④』二二二頁）。日本政府は明治三年に解雇（「有利」四二頁）。
（4）吉井幸輔（よしいこうすけ）、友実（ともざね）。薩摩藩。軍務官判事（『補任』

○東久より返事左之ケ条申来
○高輪有邸ヲ英公使館ニ所望申立候得共岩倉甚懸念(1)ニ付公使より今日抔迫リ候ハヽ、是非不致決答のばし置候様
○御基礎不相立候故岩倉閑叟引受諸事取調参與皆々出頭岩倉ハ宿殿之よし也(2)
○於仏国旧幕雇候コンシュル(3)之事見込附申出候よふ(ママ)申越候
　再答に
○英公使館の事迫来候ハヽ、可及談判口実無之故政府にて決着いまた無御座旨可相答尤左候ハヽ、必す輔相へ迫可申
　奉存候旨返答申遣候
○佐原志賀之助来蝦夷の全地愛稱且開拓局之事相良傳斎(4)と申合候よし

○東久世から返事で左の条々を申して来た。
○高輪有馬邸を英公使館に所望と申し出ているが、岩倉が非常に心配して、今日など公使から迫られても、ぜひ決答せずに延ばしておくようにとのこと。
○政府の基礎が立たないので、岩倉、鍋島が引き受け諸事調査。参与も皆出頭し、岩倉は泊まり込みの由。
○旧幕府が雇傭した仏国領事の処置は、計画を立てて通告するよう言ってきた。
　再答に
○英公使館のことを要求してくれば、再談判の口実がないので、政府がまだ決定しないと返答すれば必ず三条へ迫ってくるでしょうと返事を遣わせた。
○佐原志賀之助が来て、話題は全蝦夷地の愛称と開拓使の件だった。相良傳斎とよく話し合うこと。

一四三頁)。慶応三年二月西郷と来宇(『藍公記 巻5の11』三十四―三十七丁)。

(1) 岩倉は久留米藩の攘夷感情に配慮(『久藩史 上』二一一四頁)。

(2) この日大久保は副島種臣同道で岩倉邸に行き、新しい政治体制の構築のために着想した(『大利日二』三九頁)公職選挙法その他の案を提示し、権力奪取の実行案が練られた。それは翌十三日に迅速実行された。

(3) 幕府が在仏日本領事として雇用したポール・フリュリ＝エラール(**Paul Flury Herard**)に宗城は慶応四年二月解任通知を出していたが(『大外文 一ノ一』三四五頁)、当人に届いていなかった(「有利」四一―

○夜分東久来臨明日公撰ニ付
　是非〳〵出頭可申旨
同十三日(1)
○参朝三等官以上出頭ス
○補[ママ]相壱人議定四人参与
　六人
右の通各入札候事御次
第荒々如左大廣門[ママ]
　御座上段
　下段へ机硯入札箱三ツ補議[ママ]参
　三之間西面北上補議[ママ]始二
　等官
　同所掾[ママ]坐敷三等
一補[ママ]相より順々進出見込之人物
　相認投箱退去
一不残投名札候處にて
　出御参与進出補[ママ]相之分箱より名
　札出いだし[ママ]史官へ渡員数
　筆記ス弁事受取入

○夜分東久世が来臨し、明日は公選だから是非ぜひ出席するようにと慫慂。
同十三日
○参朝、三等官以上が出頭した。
○輔相一人、議定四人、参与六人を投票で選ぶのである。
右の人々をそれぞれ入札して決めた。その次第は大広間で次の如く行われた。
　主上の御座が上段で、
　下段に机、硯、投票箱三つ（輔相、議定、参与それぞれに）。
　三の間西面に北を上として輔相議定の二等官、
　同所縁座敷に三等官。
一三条輔相から順に進み出て意中の人物の名前を書いて投函して退去。
一皆が名札を投函したところで、出御があり、参与が出て輔相の投票箱から名札を出して史官へ渡し、投票者数を筆記し弁事が受け取り、

四二頁）。
（4）佐原志賀之助と相楽傳斉は開拓使職員（「北デア」）。

（1）議政官を廃し、上下局を設け、議定四人（就任したのは三人、春嶽は民部知官事）、参与六人の枠で選挙して、権力を薩長土肥に集中かつ諸侯を排除した（『史要』一四二—一四三頁、『天皇紀 二』一一七頁）。政府重職公選に託（かこつ）けた前代未聞の宮廷制覇が、戊辰戦争の勝利で可能となった（「解説 三」）。

天覧入御
一補相（ママ）三條右大臣如是沾被
仰付候事畢而補相（ママ）大廣間
出席議参入札開改候事(1)
　但自分入札如左
　　補相（ママ）三條
　　議定岩倉徳大寺鍋島越前
　　参與小松(2)木戸後藤
　　大久保副島板垣
一補相（ママ）入札高
　　三條　四十四枚
　　岩倉　十二枚
　　有栖川師宮　一枚
同十四日
○今日三家英公使逢度趣ニ付
　所労故断町田為右代遣す
○今日御用ニ付参
朝可致旨弁事より申来候処
同前ニ付て不参候事

天覧に入れ、入御となる。
一輔相の三条がこれまで通り右大臣を仰せ付けられた。終わって輔相が大広間へ出て、議定、参与の投票を開票した。
　但し、私の入札は左の如し。
　　輔相は三条
　　議定は岩倉、徳大寺、鍋島、春嶽。
　　参与は小松、木戸、後藤、大久保、副島、板垣。
一輔相入札高
　　三条　四十四枚
　　岩倉　十二枚
　　有栖川帥宮（そちのみや）　一枚
同十四日
○今日三家が英公使に逢いたいようだが、所労で断り町田を代りに遣わした。
○今日はご用があり参朝すべきと弁事から連絡があったが、右の事情で不参。

（1）十五日の公表では、議定は岩倉具視、徳大寺実則、鍋島直正の三人、参与は東久世通禧、木戸孝允、大久保利通、後藤象二郎、副島種臣、板垣退助の六人であった（『史要』一四三頁）。
（2）小松帯刀（こまつたてわき）、薩摩藩家老。文久二年からは在京の久光と宗城の間の連絡役。慶応四年から大阪鎮台と外国事務総督としての宗城を助けた（『人名』四一三頁、『叢書③—⑤、⑦』参照）。

○町田よりパークスニ逢候處
○有馬下邸之儀ハ先ツ今通リ
　にて承知之姿也
○金札之事にて如例發狂語
　由明日補(ママ)相岩卿逢度由也
同十五日(1)
○今日御用召之處所労ニ付不参(2)
○町田より捕人英水夫クラク(3)今日横
濱へ船送公使へも右之事及通
達候よし
○東久より返事昨日議定左の
通リ被　仰付
　岩倉　徳大寺　鍋島
東久モ被仰付候處達而辞退今
日参與　被仰付候よし
明日六官(4)御召不快ニ候ハヽ為名
代判事差出候様(5)
同十六日
○丁(ママ)田民部退出参候処徳大寺より六官へ

○町田の報告。パークスに会ったところ、
○有馬下屋敷の件はまずまず現状通りで納
　得しているようだった。
○金札の件では例のように激高し喚き、明
　日三条と岩倉に会いたいとのこと。
同十五日
○今日はご用召しだったが、所労で不参。
○町田の報告。逮捕した英水夫クラークが今
日横浜へ船で送られてきた。英公使へもそ
れを連絡した由だ。
○東久世から返事があり、昨日の投票で左の
通り議定が任命された。
　岩倉、徳大寺、鍋島
東久世も任命され、たって辞退したところ、
今日参与を仰せ付けられた由。
明日六官お召しだが、病気ならば名代とし
て判事を出すように。
同十六日
○町田民部が退出しての報告。徳大寺から六

(1) この日、毛利廣封（もうりひろあつ）、鍋島直大（なべしまなおひろ）、池田慶徳、池田章政、蜂須賀茂韶、亀井茲監（かめいこれみ）を麝香間祇候とした（『史要』一四四頁）。
(2) 戊辰戦争勝利で薩長土肥への権力集中に転じた政府に宗城は一歩間を置く姿勢をとる。十六日には二度目の辞表を提出（「藍公記」巻五ノ31、一七一一八丁、一一二頁補注［16］参照）。
(3) 一一三頁補注［20］参照。
(4) 神祇、民部、会計、軍務、外国、刑法の各官（『史要』一四三頁）。
(5) 宗城の所労欠席のかわりに町田判事が参朝。

【史料及び現代語訳】御日記「備忘」明治二己巳暮春より

御沙汰候故当官にても省冗員人撰候様との事也寺島急ニ出京申遣早々可取調と談置候
○重臣御呼出神尾(1)出候処五辻(2)より御書付被相渡候事
　議定被免外國知官事如是沾相勤候様被
　仰出候事
○右ニ付辞表差出候為亦神尾(3)登城申付落手ニ相成候也
同十七日(4)
○出頭補(ママ)相へ委曲及陳情候處澤着沾勤候様
○版籍返上之儀政府丈之決議書付相補(5)内示候故無別慮旨及返答候事(6)
○諸藩より深く時勢ヲ察シ
　版籍返上如願被聞召候事

官への指示で、外国官でも冗員を省くようにとのことである。寺島を急に出府させ、早々に調査するように話した。
○重臣お呼び出しがあり、神尾を出したところ五辻から書類が渡され、
　議定は免ぜられ、外国官知事は今まで通り勤めるように、との仰せ出があった。
○右の次第で辞表を出すため再度神尾に登城を申し付け辞表は落手された。
同十七日
○出頭して三条へ詳細陳情すると、後任の沢が着任するまでは勤めるようにとのこと。
○版籍奉還を政府だけで決めた決議書を輔相が内示したので、別慮なしと返答しておいた。
○諸藩から深く時勢を洞察して、
　版籍奉還すれば、願いの通りにお聞き入れになるとのこと。

(1) 神尾帯刀(かんおたてわき)、宇和島藩重職。
(2) 五辻安仲(いつつじやすなか)、弁事(『百官 上』三七五頁)。
(3) 一度目の辞表は四月十六日に出している、今回のは「藍公記」巻五ノ31、四九−五〇丁。
(4) この日徳川慶勝、細川護久(ほそかわもりひさ)、浅野長勲(あさのながこと)を麝香間祗候とした(『史要』一四四頁)。
(5)「輔相」の誤記。
(6) 言語洞開、三権分立、公選入札による官吏交代の理想を謳った政体書体制は画餅に帰し、戊辰戦争による混乱を克服するため、倉卒の間に行った擬制的官吏公選で諸侯を排除して生まれた寡頭体制に宗城は不満で辞表を出している。

○旧主知縣事被仰付
○官武一致ニ付右之稱（ママ）
　被廢尓後名家と可被稱
　事「○○」(1)二字議参ハ名家族可
　然との附札自分ハ貴族
　之方穏当ニ存候旨
○是迠之石高取調候様且
　執政参政抔判事権判
　事ニ人撰いたし候様
○外国官にて公使名代シーボルト逢候
　クラク之事ニ付次第柄書通可
　申旨談判いたし候事
同十八日
○外国官へ参る寺島来ル
○金札一条にて横はま交易ハ
　止リ居候よし
○一昨日徳大寺より被申聞候官中
　減人之儀是迠手詰故難
　省旨決ス

○旧藩主に知県事を仰せ付けられる。
○官武一致であるから諸侯の称号は廃されて、以後名家と称されるべきこと。「○○」の二字は議定と参与は名族が良いと付け札をし、自分は貴族の方が穏当に思うと述べた。
○これまでの諸藩の石高を取り調べるように。かつ執政、参政など判事、権判事の人選もするように。
○外国官で英公使名代のシーボルトに逢う。クラークについて状況報告書を出すことを話し合った。
同十八日
○外国官へ行く。寺島が来る。
○金札使用禁止への不満で横浜での貿易はついに止まっているとのことだ。
○一昨日徳大寺から要請された官員削減の件は、これまでも手詰まりだったのに減員は無理と決した。

（1）諸侯の名称候補として名族と華族が残り、投票で決めた。

○登城徳大寺へ右之事話置候
　事
○大隈今朝パークスへ對話(1)よふ〱
　金札交易ニ可遣處ニ決ス
同十九日外国館(ママ)へ
○箱館賊敗走及鎮静候由
○英船より報告有之由ニ付尚
　アレキ(2)へ尋遣候事
○仏治部助(3)より箱館より軍艦昨
　日帰来の報告官軍にて同国
　正商教師外ニ商人壱人へ居
　留所不相渡候故何等といたし
　くれ候様公使ニ代リ申越候事
同廿日参
○岩倉へ左の条々(4)書付出ス
　○同盟国接遇之振合
　○五島家にて切支丹徒苛
　　酷の處置之末入牢

○登城して徳大寺に会ってその旨話しておいた。

○大隈が今朝パークスに政府の新方針を説明して、やっと金札を交易に使うことに同意した。

同十九日 外国官へ出る。

○箱館賊徒は敗走し事態は鎮静に向かう由。

○英船から箱館情報の報告があるようだから、なおシーボルトに聞きに行かせた。

○仏デュブスケより、箱館からの軍艦が昨日帰港し、その報告では官軍が仏人の善良な商人と教師のほかに商人一人の居留所を渡さないので、なんとかしてほしいと公使に代わって申し入れてきた。

同二十日 参朝。

○岩倉へ左の条々の書類を出した。

○同盟諸国との接遇のバランス。

○五島藩が切支丹教徒を拷問のあと入牢させている。これらの者共を帰村させるよ

（1）大隈がパークスに説明した内容の概要は、七九頁注（1）参照。この説明でパークスは納得。

（2）アレキサンダー・フォン・シーボルトの愛称。

（3）アルベール・シャルル・デュブスケ（Albert Charles du Bousqet）。幕府フランス軍事顧問団の一員として来日。戊辰後フランス公使館通訳を経て、新政府お雇いとして山県有朋などに協力（『お雇い』九六－一〇四頁）。

（4）宗城は外国官知事辞任にあたって当面の外交問題について建言した。

申付有之右之者とも帰村[1]
いたし候様被仰付度赴[2]
同廿一日参
○大廣間へ出
御
勅問左之通[3]
一皇道復興
一版籍返上ニ付知藩事被
任へき事
一蝦夷開拓之事
同廿二日参
○蝦夷地之事評議
○相馬家老来奥羽仙藩
情実相話當家よりモ冨田
抔暫く遣置度よし[4]
同廿三日
○後藤孫兵ヱ来ル[5]藝州
兵隊モ進候仙鎮静ニ付帰
リ候よし

うご下命くださりたいとの要望が外国側
にある。
同二十一日 参朝。
○天皇が大広間へ出御され勅問が下された。
勅問は左のとおり。
一皇国の道復興のこと。
一版籍返上に伴い知藩事を任ずべきこと。
一蝦夷地（北海道）開拓のこと。
同二十二日 参朝。
○蝦夷地の件を評議。
○相馬藩の家老が来て奥羽諸藩や仙台藩の模
様を話した。宇和島藩からも冨田などをし
ばらく派遣しておいてほしいとのこと。
同二十三日
○後藤孫兵衛が来た。進出していた芸州藩の
兵隊は、仙台が沈静化したので帰ったとの
ことだ。

（1）五島キリシタン迫害は当事者に近い浦川和三郎の『五島キリシタン史』に詳しいが、類似情報は仏・英・蘭側には渡っていたと思われる。
（2）西欧外交団の要望。
（3）上局会議の議題。
（4）敗戦処理の難事（いわゆる仙台騒擾）に宗城が介入していたことが知られる。
（5）後藤允康（ごとうみつやす）、仙台藩宿老着座。一貫して勤王派として活躍（『仙戊人』一三一―一三二頁）。

○明朝八字参内申来ル
同廿四日出頭
○過ル廿一日之御請[1]差出ス
○大廣間にて御下問二ケ条如廿一日也廿七日巳刻より未刻迠ニ御請
同廿五日
○於外国官四字より岩卿英公使ト談判列座自分大隈五代也
金札之事
同廿六日休日
同廿七日
○参内廿四日之御請差出ス
同廿八日
○英公使館にて應接ケ条左之通
英人クラク一件
一廿日も軍務官にて入牢且吟味の時腰縄相掛候事仏人より取扱あしき由

○明朝八時参内するよう申してきた。
同二十四日 出頭。
○過ぐる二十一日のお請けを出す。
○大広間で二十一日同様二個条の勅問があり、二十七日午前十時から午後二時までの間にお請けを出すべきこと。
同二十五日
○外国官で岩倉卿が英公使と談判。列座したのは私、大隈、五代だった。
議題は太政官札改革の件である。
同二十六日 休日
同二十七日
○参内二十四日のお請けを差し出した。
同二十八日
○英公使館で会談。談判内容は左の通り。
まず、英人クラークの件。

一パ二十日も軍務官で入牢。取調の時に腰縄を打つのは、フランス人囚人の扱いよりも悪いという。

(1) 勅問への返答である。

一体條約書面通ニ早速岡士方へ引渡不審筋取調の儀可申参処條約ニ背甚以如何と存候
　但軍務官よりコトワリ可申事(1)
一英国帆前船ヘーレンフレッキ(2)引合の為其場ニ臨候者追而横濱へ差出度其時刑法官よりも立合有之度
一筑藩(3)處置無沙汰にて有之大隈より最初可及内談不行届段断リ且主従共御裁許之書付相添可差越よし(4)
一平の藩士自宅蟄居ハ何分不同意他藩へ御預替相成度よし申出候事
一ウリス○シータル(5)へ無礼の事
一遊廓内へ英医館取建候事　但人ハニウトン氏

宗そもそも条約の書面通りにすぐさま領事へ引き渡して嫌疑を取り調べるべきなのに、条約に違反してはなはだ遺憾に思う。

　これは軍務官より謝罪すべきこと。

一宗英国帆船ヘレン・ブラック号の証人としてその場に居合わせた者をあとで横浜へ差し出すから、その際には刑法官からも立ち会ってほしい。

一パ筑前藩からは犯人処理の連絡がなく、まず大隈からも内話があるべきなのにそれもない。不行き届きを謝罪して、隠匿した筑前藩主従に対する政府の裁断の書類を添えて報告してほしい。

一福岡藩平士（ひらし）の自宅謹慎には何分賛成できない。他藩へお預かりに替えてほしいと英側は申し出た。

一ウリス○シータルへの侮辱一件。

一遊郭内へ英人医師が病院を建設するとのこと。その名はニュートン氏である。

（1）この四行は、クラーク捕縛事件についての宗城の意見。領事裁判権のため日本に裁判権はなかったのに軍務官が逮捕、訊問を続けた。
（2）クラークが箱館に向かう英国船ヘレン・ブラック号の便を借りて仙台に到着した際に、米の密輸と箱館賊徒援助の嫌疑を受け逮捕された（『大外書 二ノ一』八七六－八七八頁）。
（3）イカルス号事件の犯人は筑前藩士だったことを大隈が確認。
（4）同右事件処理の交渉。
（5）不明。

同廿九日

○金札之事ニ付今日英公使其外へ及書通及(ママ)候事

○重臣正服午後出頭昨夜中来候帯刀出候処弁事より左之通御書付被相渡候

是迄之職務被

免候事

國事御諮詢候故隔日参

内可致

但麝香之詰可申

○無程徳大寺より書通にて澤へ御沙汰候處御請暫御猶豫と願候處外国知官事一日モ不可決候故過刻之御沙汰は取消シ御書付可致返上旨申来承知之返事出ス

○澤来臨談話いたす

○大島友之丞(1)来リ鮮国之

同二十九日

○太政官札に関する新布告について今日英公使その他へ書簡を出した。

○重臣が正服で午後出頭するように昨夜連絡があり、神尾帯刀が出たところ弁事から左のお書き付けを渡された。

これまでの職務を

免じること

国事に関するご諮詢があるので隔日

参内いたすべし

ただし麝香之間詰を申し付ける。

○しばらくして徳大寺から書通で、沢へ外国知官事の下命があったが、お請けはしばらくご猶予と願ってきた。外国知官事の職は一日たりとも欠かすことができないので、先のお沙汰は取り消し、辞令書は返上するようにと言ってきたので、承知の返事を出した。

○沢卿が来臨して話し合った。

○大島友之丞が来て朝鮮の打ち明け話をした。

(1) 大島友之允(おおしまとものじょう)、対馬藩上士。朝鮮問題で宗城とは頻回に接触、外務省にも出仕(『人名』一八九―一九〇頁、『叢書⑤』六〇、七五、八五頁)。

内話スル
六月朔日
○参賀
五月廿六日都築壮(ママ)蔵箱館より書通アルヒヨンへ乗組帰船の便也北代忠吉(1)福山共帰る
　文通書抜
五月十六日アルヒヨンへ乗組南一同箱地へ着翌十七日着船最早臺場永井以下降伏五稜郭(2)榎本(3)以下モ本日降伏平定十九日各国岡士始荷物揚陸相済候事
○昨朝大島云對馬へ脱賊三百斗参候よし田代より承候故届候よし汽船あるましく不審也
同二日
○官へ参候
○馬渡(4)内示神祇官筆生脱都

六月一日
○参賀。
五月二十六日都築荘蔵が箱館より書状を送ってきた。アルヒヨン号に乗って帰船の便である。北代忠吉と福山が一緒に帰る。
　文通書抜き
五月十六日アルヒヨンへ乗船し南はじめ箱館へ着き、翌十七日接岸。もはや台場の永井尚志などは降伏し、五稜郭の榎本武揚以下も本日降伏平定された。十九日には各国領事はじめ荷物の陸揚げが済んだとのこと。
○昨朝大島が言うには、対馬へは脱賊三百ばかり来たそうだ。田代から聞いたので届けたそうだ。汽船がないと思うが不審だ。
同二日
○外国官へ出た。
○馬渡の内話では神祇官筆生が脱走し、秀麿

(1) 北代正臣（忠吉）。
(2) 箱館弁天台場は五月十五日、五稜郭は同十八日に陥落（『戊役史』八二七－八二八、八三五－八三七頁）。
(3) 榎本武揚（えのもとたけあき）、旧幕府海軍副総裁。榎本政権総裁（『人名』一六七頁、『戊役史』七一七頁）
(4) 佐賀藩士馬渡俊邁（まわたりとしゆき）。同藩士石丸安世（いしまるやすよ）などとグラバー帆船で渡英。帰国後明治二年外務小丞、三年大蔵権大丞造幣頭（「ア歴資」「造幣寮」、『人名』九四四頁）。

秀麿[1]五月廿二日西本願寺へ来ル
那蘇[2]教政府にて被開候赴ニ付
大阪神奈川抔夷館焼拂
可申と存候處筑藩も同意兼々
攘夷之志有之同意と存候云々[3]
○白山[4]應接
○近日帰国之末為日本盡力
いたし度よし
同三日参
○補相へ澤御請可申上ニ付早々被[ママ]
仰付度旨及文通承知申来
同四日
○治部助申来ル
○津軽家小銃一件
○山口[5]引合懸リ昆布
一件
○横濵学校之事
○去月廿九日[6]英公使より申述ケ条
之内澤より傳承

が五月二十二日に西本願寺へ来て、耶蘇教を政府が容認するようだから大阪、神奈川などで外国公館を焼き払うべしと思っているところ、筑後有馬藩も兼々攘夷の志があり同意し云々。
○モンブランに応対した。
○近日帰国して日本のために尽力したいと言う。
同三日 参内
○三条輔相へ沢はお請けするはずだから早く仰せ付けられたいと文通し、承知と返答があった。
同四日
○デュブスケが来て言う。
○津軽家の小銃一件
○山口が関係する昆布の一件
○横浜学校のこと。
○先月二十八日英公使が述べた個条についての沢からの報告。

(1) 不明。
(2) 「耶蘇教」の誤記。
(3) 一一三頁補注[21]参照。
(4) シャルル・ド・モンブラン伯 (Comte Charles de Montblant)。総領事に任命されていた(『叢書③』四六—四九頁)。
(5) 山口範蔵か。
(6) 「二十八日」の間違い。

○筑藩士處置当人宅にて
蟄居ハ何分不致安心候故別
藩へ預替之儀申立候得共
其儀ハ不相成よし
○主人ゐ（ママ）挨拶（1）参候儀ハ不
苦
○最前御處置振可及相
談処無其儀段ハ断り
手紙可遣と決ス
○筑藩士處置改候儀不相成
旨申述候ハヽ必ス補相（ママ）へ直ニ可申
立其時被聞届候様にてハ自分
應接モ甚迷惑ニ付入念置候
上可談判事
同五日官へ参
○澤御請之事東久へ申遣す
同六日休プレンキ（2）より大頭領職へツク之圖出ス
同七日
○米公使より五月廿八日ペーホーヲ

○筑前藩士の処罰として自宅蟄居はとても安心できないが、別藩への預け替えの主張は受け入れられなかった。
○筑前の知藩事が自宅に居るままで英公使館員に謝意を表すのはかまわない。
○筑前藩の処置について前もって相談しなかったことは謝りの手紙を出すことで決着。
○筑前藩士の処分変更はできないと述べたら、パークスは必ず直ちに輔相へ抗議し、その時に聞き届けられれば、私（沢）の交渉も無意味なので念を入れて談判すべきである。
同五日　官へ行く。
○沢が（外務卿を）引き請けたことを東久世へ報告させた。
同六日　休。プレンキが大統領就任式の図をくれた。
同七日
○米公使から五月二十八日ペイホー号を官軍

（1）「居挨拶」。大名など高位者が自宅に居て、謝意を表する作法か。

（2）人物を特定できない。

官軍にて取押フラフ日丸ヲ揚
候一件(1)
○昨年局外中立ヲ解候より是頃
迠英公使段々周旋ヱソ地平
定ニ及候故輔議之内英使館へ
参可及謝詞
○朝陽丸破裂之節我兵
士扶助之礼
右夫々日限見込申立候様議
定より申越候ニ付神奈川より帰
次第可申進と答置候
○昼後参内
○昨年より仏にて箱賊ヲ助
仏人九名致降伏候旨
にて本国へ差遣候事抔甚
不條理ニ付可及談判候様
補相(ママ)より噂(2)尚副島(3)より承候
故軍務官の方にて榎本抔へ
是迠之都合及吟味横濱にてモ

が取り押さえた時、米国旗を日章旗に替えた件について談判あり。

○昨年局外中立を解いてから今まで、英国公使が機会あるごとに周旋して北海道の平定もできたわけだから、輔相か議定のうち誰かが英公使館へ赴き謝辞を表するべきだ。

○朝陽丸が爆破された時にわが兵士を英国船が助けてくれた謝礼も。

右三件交渉の日限を知らせるよう議定から連絡があり、神奈川から返り次第取り進めようと言っておいた。

○昼後参内。

○昨年からフランスが箱館の賊徒を助け、今度は仏人九名が降参したので仏人を本国に送り返すなど、非常に不条理であるから、交渉するようにと三条が言っているとの噂である。これは副島から聞いたので、軍務官の方で榎本などのこれまでの経緯を吟味し、横浜でも取り調べたうえで、仏と交渉

(1) 米国船籍ペイホー(Peiho)・号を青森湾で日本官憲が捕獲して星条旗を下ろして日章旗を掲げたと非難したが、その事実は見あたらないと宗城名義で返答している(『大外文 二ノ二』二六―二九頁)。

(2) 三条は安政条約の領事裁判権が気に食わぬ。

(3) 副島種臣(そえじまたねおみ)。この時参与職(『補任』一三九頁)。

取調之上致應接可申と答候
但澤にて専ら被調度申置候⑴
○寺島より中井代リ馬渡の事申越
同八日不参
同九日官へ
○山口と治部助應接昆布一件
談決治部助より公使へ申越否
可致よし
○徳大寺より英公子御對面之次第
書出候様申来候故是迠伺置候ケ
条書被相下候様申遣置候事
○軍務官報知
降伏巨魁
榎本釜次郎　松平太郎⑵
荒井郁之助⑶　古鴨圭助
永井玄蕃　松岡盤吉⑷
相馬主斗⑸
七人

すべきだと答えたが、沢知事の専管として調べられたいと言っておいた。
同八日 不参。
○寺島が中井に代わって馬渡のことを申してきた。
同九日 外国官へ出た。
○山口範蔵とデュブスケの応接で昆布一件は合意し、デュブスケから公使へ上申して可否を決めるとのこと。
○徳大寺から英公子ご対面の次第書を出すように言ってきたので、これまで調べておいた箇条書きをお下げ下さるように申し遣わしておいた。
○軍務官からの報知
降伏した巨魁は、
榎本釜次郎　松平太郎
新井郁之助　古鴨圭助
永井尚志　松岡盤吉
相馬主計
右七人

（1）宗城は外国官知事退職後も実質的に外交交渉を指揮している。
（2）旧幕府陸軍奉行並松平太郎（まつだいらたろう）。榎本政権の副総裁（『人名』九二四頁）。
（3）旧幕府海軍操練所頭取、陸軍奉行新井郁之助（あらいいくのすけ）。榎本軍海軍奉行。回天丸司令官として宮古湾海戦を指揮（『人名』三八一三九頁）。
（4）松岡磐吉（まつおかばんきち）。江川英龍家士、蟠龍丸船長（『舊幕府 二』七九八一八〇〇頁）。
（5）相馬主計（そうまかずえ）、主殿（とのも）は戦死した土方歳三に代わって隊長として降伏文書に署名したといわれる。

【史料及び現代語訳】御日記「備忘」明治二己巳暮春より

右秋田より東京陸地行
残賊三千人同処寺院へ禁
固待
朝裁
同十日参朝
○英公子御接待之事十二日と決ス
○シーボルト逢候公使明日帰候よし
明後十二日公使館へ参候事
同十一日休　同十二日吹上御馬事
同十三日参官
○八字より英公使及應接候事
○公子之事ニ付申遣候謝礼
申述候
○金札之事二歩悪金三
十余通（とおり）有之
○十五日ハ神奈川へ参候故岩卿
等参候事且濱殿ハ十六日ニ
いたし度よし
同十四日参官

右秋田から東京へ陸行し、
残賊三千人は同所寺院へ
禁固、朝廷からの
裁断を待っている。
同十日 参朝。
○英公子接待については十二日に決める。
○シーボルトに逢う。公使が明日横浜へ帰る
ようで、明後十二日に英公使館へ行くこと。
同十一日休む。　同十二日吹上で馬事あり。
同十三日 外国官へ出た
○八時から英公使と面会した。
○公使が、エディンバラ公訪日の要請を履
行した謝礼を述べた。
○太政官札の見通しが付いたが、二分金の
悪金が三十種類を超えてあると言う。
○十五日は神奈川へ行くが、岩倉卿なども
来る。それで浜御殿へ行くのは十六日に
したいとのことだ。
同十四日 外国官へ出た。

○英船将始被下品
△各国へ旧幕より使節の時
贈物書抜
△博覧會品もの之事[1]
如何
△白山之事[2]
同十五日官
○孛ケンプルマル[3]より公使之傳言
△元會藩宮澤清太公使館へ
雇置候処十五六日前東京へ出
被召捕候よしニ付罪跡分候ハヽ
以書通申越度よし
同十六日
○三字過英公使館へ参候岩倉東モ
被参候事
○皇子御接遇手續書渡置
候事
○高輪久留米邸借渡可
申旨返答する

○英船将などへ下賜品があった。
△各国へ旧幕府が使節を出したときの贈りものの書抜き。
△博覧会の展示品のことをどうするか。
△白山の身分のこと。
同十五日 外国官へ。
○孛ケンプルマルから公使の伝言。
△元会津藩士宮沢清太を公使館で雇傭していたが、十五、六日前東京へ出て逮捕されたとのこと。罪跡が判明すれば文書で報告されたい由。
同十六日
○三時過ぎ英公使館へ行く。岩倉も東久世も来られた。
○エディンバラ公の接遇計画書を渡しておく。
○高輪久留米邸を貸し渡しする旨を返答した。

（1）次回の万国博覧会は明治六年ウィーン開催予定だった（「博覧會」）。
（2）白山（モンブラン）は代理公使を仏政府に拒否されただけでなく、日本政府も在仏領事を日本人外交官に代える意図をもっていた（「有利」四〇－四二頁）。
（3）ケンペルマン（P. E. Kempermann）、プロシア・北ドイツ連邦国公使館通訳官（『大外文 一ノ二』「付録三」四二一頁）。

○筑前之事話懸候処
重大事件ニ付別日ニ致度
よし
○濱殿にてパークス昨年来
之盡力ヲ被稱料理被下候
事(1)
屏風一双被下候事
同十七日
○町田より久留米高邸一条ニ付東久より半邸借候儀
被申聞候儀此方へ傳落チ英公使へ昨日
應接之時全邸借候處相成恐入候よし
御上書(2)差出候故（不及其儀候処ニ）
不及其儀旨議定(3)へ
懸候事
○花房庯次郎(4)サワイ国へ被遣候事
申付候也
同十八日
○孛公使より来廿日朝第十一字於

○筑前藩の件を持ち出したら、重大事件だから別の日に交渉したいとのこと。
○浜御殿でパークスの昨年来の尽力を賞して、朝廷よりお料理が下された。
屏風一双も下された。
同十七日
○町田が言うには、久留米高邸のことについて、英が借りたのは半分だけだったと東久世が申されたことは、私への連絡落ちだったとのこと。昨日英公使の応接で、公使が全邸をお借りすることになり、恐縮しているとのこと。公使が上申書を提出したので、その必要もなかったと議定へも伝えた。
○花房虎次郎を日本人移民救出のためにハワイ国へ派遣するように申し付けた。
同十八日
○プロシア公使から、来る二十日朝十一時に

(1) 慶応以来、薩長はパークスに負うところが多かったが、エディンバラ公の訪問は天皇政府の国際的プレステージを高めるチャンスだった。
(2) 有馬半邸拝借が全邸拝借になったことの釈明書。
(3) 議定岩倉具視を指す。
(4) 岡山藩士花房義質（はなぶさよしもと）（『人名』七八九頁、『大外文二ノ二』一三三頁）。

外国官岩倉此方ニ逢度よし也
○上下昭合[1]之以
思召公卿諸侯被癈爾后華
族と可稱よし
同十九日不参
○藩知事追々被　仰付候也
同廿日不参
○孛公使来候よしニ付外国官へ参候処
自分不参ヲ聞テ帰る
同廿一日
○版籍返上藩知事被
仰付候ニ付垂示ケ条
一地図精細取調候事
一人口取調候事
一収納之実数取調候事
一諸産物諸税
一従前公廨[2]
右取調候事
一執政ハ参事参政ハ権参事

外国官で岩倉と私に逢いたい由。
○身分の上下を照合するため、天皇の思召により公卿、諸侯を廃して以後華族と称えることになった。
同十九日　参朝せず。
○藩知事はこれから仰付になられる予定。
同二十日　参朝せず。
○孛公使が来るというので外国官へ出たが、私が来ないと聞いて帰ってしまっていた。
同二十一日
○版籍奉還で藩知事に任命するにあたり垂示の個条は、
一地図を精細に取り調べること。
一人口を取り調べること。
一収納の実績を取り調べること。
一諸産物と税額の調査。
一今までの役所。
以上を調査すること。
一執政は参事、参政は権参事に任命さ

（1）照合。
（2）「クゲ」が正称で、クガイ、コウカイともいい、役所、官庁のこと。

可被　仰付候間人撰取調候事
一従来職別職員人名取調候事
一藩士兵卒員数取調候事
一寺社等従前給録（ママ）(1)與へ候人員取調候事
一収納之実数ヲ以左之割合之通其方家録（ママ）ト可被定事(2)
　但諸税銀石並之取結割合可被
　　仰付事
一百万石云々
一重臣已下平士ニ至迠士族ニ被
　仰付候事
　　但其方家録（ママ）被相定候振合ニ
　　基キ給録（ママ）等可改革事
一家録（ママ）相應家令家扶家従已下召
　仕候人員可伺出候事
　　但従前之知家事ハ家令と唱へ
　　　可申候事
右之件條々被　仰出候ニ付ては篤と御

れるので、人選を検討すること。
一従来の職別職員の人名を調査すること。
一藩士、兵卒の員数を調査すること。
一寺社などが今まで給禄を与えていた人員を調査すること。
一収納の実数により左のような割合で計算して藩知事の家禄と定めること。
　但し諸税は銀・石に準じた規定計算で評価すること。
一百万石云々。
一重臣以下平士にいたるまで士族に仰せ付けられること。
　但し藩知事の定められた家禄に応じた給禄に改めるべきこと。
一家禄相応に家令家扶家従以下召し使う人員を届け出ること。
　但し今までの知家事は家令と呼ぶこと。
右の個条を仰せ出されたので、篤とご趣意

（1）「給禄」の誤り。
（2）藩知事家禄は現在の石高の十分の一（『史要』一四九頁）。

趣意を奉戴し諸務変革
来ル十二月中ニ取調可申出候事
○シーボルト来談
○瀧見御茶屋ハ何分御手狭成儀
不相備候故御仮にても
皇居之御内へ御對面之儀
希候由
○シーボルト英より暇取候儀
パークス周旋可致よし(1)
○筑藩士ハ何分六ヶ敷ツマリ
疑敷候ハヽ士官にても遣爲見
候様申候ハヽ納得可申やと話候也
○岩参
○薩士被免候事情密話(2)
○シーボルトへ礼物(3)
同廿二日
○官ニ参寺島呼ニ遣す
○参仕より英公館へ参夫より濱(4)来候
○横濱在留之ウエルブと云者英人

を奉戴して諸務を変革し、来る十二月中に調査事項を申し出ること。
○シーボルトの来談は、
○滝見お茶屋は何分手狭ですし、整いかねますから、暫定的に皇居内でご対面なさるのを希望する由。
○シーボルトが英大使館を辞職する際に、パークスがシーボルトの就職を斡旋するそうだ。
○筑前藩士への公使の不満は解けがたいので、英士官を派遣して検分すれば納得がいくかもしれないと話しておいた。
○岩倉が参られた。
○薩摩藩士が罷免になった事情を密話。
○シーボルトへの贈物。
同二十二日
○外国官へ出て、寺島を呼びにやる。
○宮城から英公使館へ行く。それから浜が来た。
○横浜在留ウエルブという者が、英人バー

(1) ババリアの学者貴族出身(『シ父伝』一七五—一八八頁)のアレキサンダー・フォン・シーボルトが、英大使館を辞任して日本外務省へ移ることについて、宗城とパークスの間に合意が成立していた(同右書一八八—一八九頁)。
(2) 内容を特定できない。
(3) 宗城はシーボルトのスカウトについて岩倉と相談したか。
(4) 不明。

バーナルド洋銀千八百五十弗借用其儘箱館へ脱走いたし候然処右ウヱルブと申候何国ニ属すものニ候哉各国公使其外不知赴ニ付於日本政府可然處置且右金高モ拂候事(1)

○英王子最初ハ於大廣間御接遇有之度よし

同廿卌三日

○朝参パークス申出候通ニ相成瀧見御茶ヤ一日にて両次爲済候事談判可致旨

同廿卌四日官へ参候

○昨日政体変革御下問アリ(2)

同廿五日

○英王子大廣間御接遇席振弁事ゐ打合町田宮本参内ゐ致候

○寺島今日帰る

ナルドに洋銀千八百五十ドル借用したまま箱館へ脱走していたが、このウエルブは何国人か各国公使にもわからないようで、日本政府がしかるべき処置をし、借金も支払った。

○英王子について、最初は大広間で拝謁などの接遇をしてほしい由。

同二十三日

○朝参内、パークスの希望通りになり、瀧見お茶屋は一日だけにして、他の二回は済ますことに相談すべき方針。

同二十四日外国官へ参る。

○昨日政体変革のご下問があった。

同二十五日

○英王子大広間お接遇の次第を弁事と打ち合わせるため、町田、宮本を参内させた。

○寺島は今日帰る。

(1)『大外文二ノ二』二七六―二七七頁。

(2) 官位相当表と職員令についての意見を質した(『史要』一四九頁)。

同廿六日(1)
○召ニ依出頭徳大寺より申渡左之通
　△外国官知事被免候尤英
　　王子不遠参候故相済候迄ハ
　　外国官へ出候様
　△麝香間詰被
　　仰付候事
　　　補相(ママ)徳大寺へ礼ニ出る
○外国官へ吹聴ニ参候事
同廿七日
○米書記官
　○ホルトメン(2)より
　　米船フラフ之事申立候事
　　　号ペーホー
同廿九日参より官へ
○澤官位之事徳へ申立候
○シーボル来ル自分(3)被免候ニ付公使甚
　心配交際亦変候かと存候よし
　明日補相(ママ)へ参候よし

同二十六日
○召命により出頭、徳大寺から左の申渡し。
　△外国官知事を罷免、もっとも英王子が遠からず参られるのでそれが済むまで外国官へ出勤すること。
　△麝香間詰めを仰せ付けられた。
　　三条輔相と徳大寺に辞職の挨拶に行く。
○外国官へも報告に行った。
同二十七日
○米書記官
　○ポートマンから、
　　米船国旗のことで抗議があった。
　　　船名はペーホー。
同二十九日 参内の後外国官へ行く。
○沢の官位のことを徳大寺に申し立てた。
○シーボルトが来て、私が罷免されて公使が非常に心配し、日英交渉がまた変更されるかと危惧しているそうだ。明日三条に会う

（1） この日宗城は「職制変革ニ付建言」を三条に提出し、政体書体制からの拙速な離脱を批判した（「解説 四」）。

（2） ポートマン（A. L. C. Portman）、米公使館員（『大外文 一ノ二』付録一頁）。抗議の事実はなかったとして決着。

（3） 宗城。

但シーボルト身分之話する
同晦
○官へ参石室見分○澤建白
○吹上御殿華族拝見
七月朔日
○シーボルト来ル
同二日
○ミスホルト来ル
○英王子着港候ハヽ貴族被遣
東京にて御接遇云々改而被
仰入度旨申述候故知官事出
張可申と答置候事
○日光見物ハやめ候處ニ決ス
右訳申遣置候(1)
同三日
○今日麝香間帰藩被
仰出候事
同四日
○是迄之勤務被為賞左之通

そうだ。また、シーボルト移籍の話をする。
同晦日
○外国官へ出て石室を検分○沢が建白出す。
○吹上御殿を華族が拝見した。
七月朔日
○シーボルトが来た。
同二日
○ミットフォードが来た。
○英公子が着港したら貴族を遣わされ、東京でご接待云々改めて申し入れてほしいというから、沢知官事が出張して処理するはずだと答えておいた。
○日光見物は中止に決した。その理由を説明しておいた。
同三日
○今日麝香間諸侯に帰藩するよう仰せ出された。
同四日
○これまでの勤務を賞されて、左の天賜が

(1) 見物の莫大な費用を惜しんで中止したが、宇都宮戦争の戦禍を理由にしたと言われている。

天賜
　寮御馬(1)　鞍鐙(2)　直垂
同五日出頭
○澤辞表出ス
同六日
○重臣呼出神尾出ス以御書付
　英王子渡来ニ付領客使被
　仰付候
○夕東久来臨密話(3)
同七日
○朝廷無止御都合ニ付以神尾奉
　命申出且助勤被仰付度書取出ス
○夕方東久より尤之申立ニ付左之通
　被仰付候よし
　　　　　領客随使
　　　　　　中島直人(4)
同八日
　領客使被

あった。
　主馬寮の御馬　鞍鐙（くらあぶみ）　直垂（ひたたれ）
同五日 出頭
○沢が辞表を出した。
同六日
○重臣の呼出しがあり、神尾を出す。
　英王子渡来にあたり領客使を仰せ付けると
　の書類を頂戴した。
○夕方東久世が来臨され密話あり。
同七日
○朝廷の止むをえないご都合なので、神尾に
　奉命書を出させ、かつ領客使助勤を任命す
　るよう請願書を出した。
○夕方東久世からの連絡ではもっともな請願
　として、左の通り仰せ付けられた由。
　　　　　領客随使
　　　　　　中島直人
同八日
　領客使を仰せ付けられた。

（1）内廷職主馬寮（しゅめりょう）の御馬。
（2）儀式のとき貴人や官人が履く黒皮靴か。
（3）沢外国官知官事の辞表問題か。
（4）中島錫胤。二一二頁注（4）。

仰付候
大原正四位(1)
同廿二日(2)
○英王子横濱着艦午後第三字過
の由夜半申来ル
同廿三日
○出張王子へ會即日帰る
同廿五日
○英王子延遼館へ着す
同廿八日
○王子参朝済
八月三日
王子横濱へ出帆
同十一日
○王子出帆
同十二日
○王子大阪へ着上陸直ニ神戸へ
帰船
同廿二日
○領客使被免如左頂戴

大原正四位
同二十二日
○英王子の横浜着艦は午後三時過ぎだったと、
夜中に連絡があった。
同二十三日
○横浜へ出て、王子に会い即日帰京した。
同二十五日
○英王子が延遼館に到着。
同二十八日
○王子が参朝を済ませた。
八月三日
○王子が横浜へ向けて出帆。
同十一日
○王子が横浜を出帆。
同十二日
○王子が大阪へ着いて上陸。直ちに神戸へ帰
船。
同二十二日
○領客使を免ぜられ、左の品を頂戴

(1) 大原重実（おおはらしげみ)、公議所議長（『補任』一五〇頁、『天皇紀 二』一五八—一六〇頁)。
(2) 七月九日から二十一日まで日記が書かれていない。

硯箱　葦(1)籬蒔絵
絹三疋(2)

萱の籬(まがき)模様の硯箱
絹三疋

（1）「萱（かや）」の誤記か。
（2）「疋（ひき）」、布を計る単位。

【補注】

[1] 御日記表紙には「暮春より」とあるが、明治二年二月十二日から「備忘」日記は始まる。十二日の前の十行は、紙本H「備忘」の稿本C「御手留日記」では二月十一日分として記載されているので、それを転用。

[2] パークスは二年一月九日に悪金である一分銀と二分金について最初の抗議を行い（『大外文二ノ一』二六一−三〇頁）、日本政府の欺瞞として以後執拗に抗議をくり返した。

[3] 大隈重信。前年十二月から外国官副知事（『補任』一四六頁）としてパークス相手に弁舌を振るい一目置かせた（『昔日譚』二八一−二九〇頁）。この時三岡財政改革のため大阪出張中。

[4] グイド・ヘルマン・フリードリン・フェルベック（Guido Herman Fridolin Verbeck）。オランダ系アメリカ人の宣教師として安政六年来日。済美館、致遠館で諸藩の俊秀を教育し、明治二年政府顧問として上京。多くの施策に関与し、重大な諸献策を行った（『お雇い』七二−八一頁）。

[5] ユージーン・ヴァン・リード（Eugene Van Reed）。オランダ系米商人、移民斡旋業者。高橋是清や宇和島藩の城山静一もその毒牙にかかった（『是清伝』五六−七〇頁）。ハワイ総領事就任を日本政府に拒否されていて（『明維外』一四九頁）、宗城は一貫して彼を警戒していた。

[6] バヴァリア貴族としての公式な姓名はアレクサンダー・ゲオルク・グスタフ・フォン・ズィーボルト：Alexander Georg Gustav von Siebold（『シ父子伝』一七五頁、同書巻末の「系譜図」）。英公使館通訳官。フィリップ・フォン・ズィーボルト長男。安政五年父フィリップの再来日いらい、異母姉おいねを通じて宇和島藩とは親密な関係で、慶応二年の英艦隊宇和島来航の道を開いた（"Kondo"）。宗城とパークス英公使の間の特別なリエゾンオフィサーであり、明治三年パークスの了解のもと、宗城の推薦で日本外務省に転職。

[7] トーマス・ライト・ブラキストン（Thomas Wright Blakiston）。文久元年箱館に来住、明治十六年離日。その間鳥類研究のほか各種事業を展開。鳥類学にブラキストン・ラインの名を残した（『蝦夷地』六二三−六二五頁）。慶応四年自宅で気象観測を始めたブラキストンは、福士成豊に測候・測量学を教える。明治五年に福士の私設測量所が官営となる。ブラキストンの名刺様紙片が遺されているので、宗城はブラキストンに会っていると思われる

[8] 宇和島藩主伊達宗徳。明治二年三月五日箱館出張、津軽応援命の不履行により謹慎処分（乙記録103三月十二日、『本叢書

⑥』)。宗城も進退伺いを出したが、差控で済んだ(乙記録103三月二十八日)。
[9] 日本政府は改税約書の規定に従って茶・生糸税の改訂を慶応四年六月二十九日に英・仏・米・オランダ・北ドイツ連邦・イタリアに通告していた(『大外文 一ノ一』九五〇―九五二頁)。
[10] パークスの申立てに東久世・大隈らは「迫害は五島藩内一揆鎮圧の誤伝である」との山口の当座逃れの報告を信じて(または虚偽と知りながら)、各国公使へ通達した(『大外文二ノ一』五三三―五三四頁)。
[11] 慶応二年の改税約書で二年後に生糸・茶税を先行三年間の平均価格の五%で徴収する権利を日本政府は留保し、その期日が近づき(『大外文 一ノ一』九五〇―九五二頁)、税の増加分を下関償金に充てる予定で外国側と交渉。
[12] 三月二十一日英副領事代理ラッセル・ロバートソン(Russell Robertson)、二十三日にはオーシャン(Ocean)号船将スタノフ(スタノップ)(Chandos S. Stanhope)に対して侮蔑粗暴行為があった(『大外文二ノ一』五四一―五四四頁、五六二―五六六頁)。
[13] 不明な病名、仮病と思われる。今回の東幸では、天皇は三月二十八日に皇城に着御しているのに、三条は掛川に滞留し、岩倉は五月中旬にならなければ入京しないという異常事態が発生している。三条が掛川に居残らなければならなかったのは行幸途中で騒動を起こしたご親兵らの事後処理に時間を要したとみられる(「解説 二」)。
[14] 下関戦争の賠償残金は絹・茶の増税で支払う交渉の経緯(補注[11])を一切無視して、突如パークスが仏米蘭公使と語らって全額支払いを要求し、支払えなければ運上所納入金を充てるというので(『大外文二ノ一』六七〇―六七二頁)、温和な宗城も激怒した。
[15] 「政体書」の立法と行政分離理念は元年九月の改刪(『法全書』明治元年二九九頁)で骨抜きになるが、開明派が主導する東京政府は再び元に戻そうと企図し(『史要』一三七頁、『法全書』二年一四五頁)、西京首脳と藩主層、草莽(そうもう)などの反発を買った(『慶德傳』一二七―一二八頁)。それも二年五月十三日の「政体御改刪(『法全書』二年一七一―一七三頁)」の欺瞞選挙でご破算となり、薩長土肥の寡頭体制が誕生。宗城は反発して意見書を出して辞職(「解説 四」)。
[16] 四月十六日と五月十六日の二回宗城は辞表を提出し(「藍公記」巻五ノ31、一七―一九丁、同上書四九―五〇丁)、四月と五月に岩倉へ辞意の私信も発している(『岩関文 四』二五三―二五四頁、二五六―二五九頁)。その辞意は固かったと見なければならない(「解説 四」参照)。
[17] 五代才助と松木弘安(まつきこうあん)(寺島宗則)が薩英戦争の後に潜居した熊谷在の里正吉田六左衛門の養子吉田二郎の変名。五代の変名は川路要蔵(『五伝記』一四―一五頁)。吉田二郎は外務省、内務省、大蔵省などにも奉職(「吉田①」、「吉

田②」)。元治元年末五代はこの変名で宇和島に来ている(「歴う 30号」)。

[18] 勝海舟の嫡子小鹿(ころく)。慶応三年九月米ラトガース大学留学、海舟の依頼で仙台藩富田鉄之助が後見役として同行。仙台藩士高橋是清、鈴木知雄も同伴渡米(『仙戊人』二六五頁、『是清伝』三四−三五頁)。

[19] 市川文吉、慶応元年幕府が派遣した六人のロシア留学生のうち維新後一人だけ残留し、明治六年帰国後東京外語露語教員。明治七年榎本武揚使節に随従して渡露(「ロ留学」)。

[20] 五月十五日石巻港でヘレンブラック号搭乗の英人クラークが賊軍加担と密輸で軍務官に逮捕され、領事裁判権がからんで外交問題となったので(『大外文 二ノ一』八六八−八七八頁)、領事裁判権の問題を意識していた宗城は詳細を書簡でパークスに知らせた(同右書八七五−八七八頁)。

[21] 多田事件(『天皇紀 二』一一五頁)では、八条隆祐(はちじょうたかさち〈よし〉)の家臣河合縫殿助(かわいぬいのすけ)が「火を京都市中に放ち云々」とあるので、耶蘇教や秀麿への言及はないが、多田事件を指している。河合縫殿助については「河書簡」。

【解　題】

明治二、三年の伊達宗城公御日記類について

水野　浩一

明治二年初頭から三年末にかけての宗城公の御日記類には紙本と革手帳（ともに直書）と、その稿本（写本）を含めて九本が、公益財団法人宇和島伊達文化保存会に現存している（図表）。原本と稿本とに些細な相違が見られるが、採りあげる意味もなさそうな程度である。

紙本直書「H、I」とその稿本「C、D」は、形式で判断すると、本叢書第三巻「解題」分類の「御手留日記」に相当し、すべて毛筆書きであるが、英国 T.J.&J.Smith 社製「革御手帳F」（叢書第三巻口絵参照）は直書でも鉛筆書きがその大勢を占める。

宇和島伊達家叢書第八巻の明治二年宗城日記（『御日記⑥』）を編むにあたって、直書である「革帳F」を採用するか、同じく直書の「紙本H」にするかが問題になったが、日記としての体裁性は断然紙本がすぐれている。

「革帳F」について見ると、日記らしいのは最初の二カ月間で、二十五日分が記載されている一月と十六日分の記載のある二月だけである。三月は六日分、四月は八日分、五月は二日分しか記載がない。七月が十五日分、翌八月が十九日分と多くなっているのはエディンバラ公訪日の領客使（接待責任者）としての記事のためである。「紙本H」ではその部分が簡略であるが、「稿本E」が本来の領客使記録として保存されている。

「革帳F」の九月以降は部分的に日記として書かれている日がないわけではないが、メモ帳としての使用がメインとなる。それも、消しゴムで消去された跡に再び書かれている所さえ広範である。消されている部分は肉眼で読むことはほぼ不可能である。

それにこの「御日記シリーズ」の制限頁数の問題がからむ。明治天皇、三条実美、岩倉具視、東久世通禧、後藤象二郎、木戸孝允、大隈重信などと接触する機会が多かった宗城の日記には機密性が高くて、一読意味の通じないところが増えてくるので、それを補うための注記や解説が増えざるをえない。以上のことを勘案して、明治二年の御日記は叢書第八巻と第九巻と巻をまたぐことになった。

「紙本H」に欠落している明治二年一月一日から二月十一日までは「革帳F」の該当部分を流用し（図の点線部分：a）、叢書第八巻の本体である二月十二日から八月二十二日までは「紙本H」に拠った。エディンバラ公訪日記事は「紙本H」にはほとんど日付だけで内容がない。その代わりに稿本「甲記録十四號六五丁オ　明治二己巳年英王子アデンプルフ来朝御接伴ニ付四月より備忘手記　領客使従二位宗城」（「稿本E」）が存在するので、それで代替することにしたが、『御日記⑥』に挿入せずに、巻末に二段組の付録として添付した。

叢書第九巻となる明治二年八月以降は「紙本I」に拠ることとすれば、第九巻は明治三年十月までをカバーすることになる。一応その予定で作業を進めている。

【図表　明治２、３年関連宗城日記類（Ａから I までの９本）のまとめ】

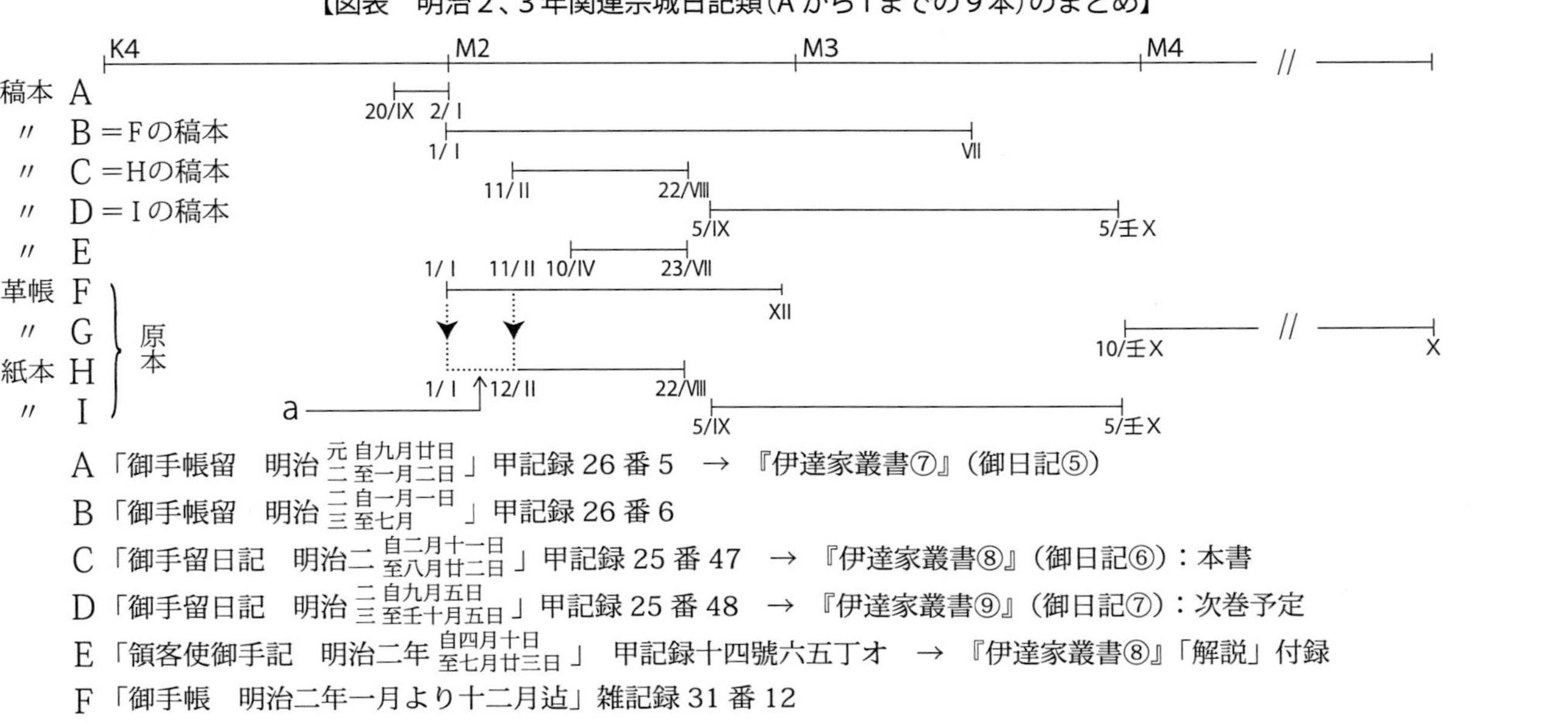

A「御手帳留　明治元二 自九月廿日 至一月二日」甲記録 26 番 5　→『伊達家叢書⑦』（御日記⑤）

B「御手帳留　明治二三 自一月一日 至七月」甲記録 26 番 6

C「御手留日記　明治二 自二月十一日 至八月廿二日」甲記録 25 番 47　→『伊達家叢書⑧』（御日記⑥）：本書

D「御手留日記　明治二三 自九月五日 至壬十月五日」甲記録 25 番 48　→『伊達家叢書⑨』（御日記⑦）：次巻予定

E「領客使御手記　明治二年 自四月十日 至七月廿三日」　甲記録十四號六五丁オ　→『伊達家叢書⑧』「解説」付録

F「御手帳　明治二年一月より十二月迠」雑記録 31 番 12

G「御手帳　明治三年十月より四年十月迠」雑記録 31 番 13

H「備忘　明治二年二月十一日より八月廿二日迠」　雑記録 31 番 39　→『伊達家叢書⑧』（御日記⑥）

I「備忘手記　明治二年九月五日より三年壬十月五日迠」雑記録 31 番 39−02　→『伊達家叢書⑨』（御日記⑦）

K4：慶応４年、M2：明治２年、M3：明治３年、M4：明治４年。「紙本 H」と「紙本 I」の伊達家分類が前者は「雑記録 31 番 39」となっているが、後者は「雑記録 31 番 39−02」となっている。「稿本 E」の表題は「領客使御手記」である。a は正月元旦から２月 11 日までをカバーしている。

【解　説】

戊辰戦争勝利による封建領有制の崩壊と社会的混乱

近藤　俊文

はじめに

明治二年に入ると、宗城の日記（御日記⑥）はそれまでのものにくらべて一見簡素となる。より断片的になり、メモ的な記載が増える。もちろんトータルな情報量は比較にならないほど増えているのだが。だからこの解説では、明治二年前半の歴史的文脈のいくつかに言及して読者の便をはかった。

慶応四年初頭の外国事務科総督時代には、小松帯刀（たてわき）、後藤象二郎（しょうじろう）、五代才助（ごだいさいすけ）、伊藤俊輔（しゅんすけ）（博文）などを引き具して外交の最前線、突発する事件の現場に立つこともあったので、日記の記載内容も直截的かつ具体性を帯びていた。

外交の事務量が激増する中で担当官僚機構のトップとして多忙をきわめる宗城は、そのうえに太政官の議定として国政にも関与し、なかんずく青年天皇とは良好な関係を築いていたと見ていい。日記の記載が簡略・メモ的になったのには、宗城の多忙にも原因の一端はあろうけれど、官僚機構が整備されて、公的な文書管理が整っていくことと関係していたと思われる。それに日記の機密性が高まってもいた。

戊辰の内戦が一段落すると旧幕時代から放置されていた外交案件その他が、一気に吹き出して新政府の屋台骨を揺さぶり、新政権の存続をおびやかした。積年の貨幣問題、抜けきれない攘夷感情、文明開化への抵抗、国粋保守派のテロ・妄動、それに切支丹迫害などなど。

なればこそ、内戦直後（函館はまだ降伏していないとしても）の日記から読みとれる権力構造の変貌に目を凝らす必要がある。鮮やかな版籍奉還と、政体書体制を踏み台とした一回こっきりの擬制的（fictitious）選挙による薩長土肥への権力集中と宮廷勢力、諸侯の排除などの舞台廻しの手際良さは驚嘆に値する。薩長の開明派新政府若手がそろって依存せざるをえなかった英国政府の対日政策と、その代表パークス公使とのかかわりにも触れないわけにはいかないが、これは次巻以降の主要命題となろう。最後に宗城の辞表問題にも言及しておきたい。

宗城は本日記を、朝廷、太政官、諸官庁、府藩県のヒエラルヒーと、あまり表面には姿を見せないが、武力を背景にして隠然と権力を行使する倒幕派下級武士の指導者層の実力を、明確に頭に置いて書いていることに留意していただきたい。彼は冷静な観察者でもあった。

解題で触れたように、領客使については別に「明治二己巳年英王子アデンプルフ来朝御接伴ニ付四月より備忘手記」なるテーマ別日記があるので参考までに巻末に掲載した。

なお、紙面の都合で多くの興味ある問題に触れえなかったことを遺憾とする。

一　外交・内政両面での貨幣問題

明治初年の貨幣問題は新政府の外交と内政にわたる難問の最たるものだったが、攻撃の矢面に立たされたのが外国官で、その知官事が宗城だった。

わが国の銭貨は古来中国に依存またはその模倣貨が鋳造され、金・銀・銅・紙を素材とする独自の貨幣は戦国時代以降のこととされる。(1) 徳川幕府は金座、銀座、銅座を支配することで貨幣制度の枠組みは握っていたが、各藩がそれぞれの紙幣（藩札）を刷ることを禁止しえなかったし、貨幣（コイン）の偽造にも厳格な規制を採りえなかった。[2] 財政維持のために出目[3]あての悪金を作り続けたのは幕府自身であった。[4]

維新直後の財政逼迫に果敢に挑んだのは越前藩士会計官判事三岡八郎（のちの由利公正）だったが、彼の政策は慶応四年末頃には破綻していて、その抜本的是正はだれの目にも喫緊の課題だった。三岡財政は幕府の金・銀・銅座をそのまま復活させただけでなく、悪貨鋳造の悪癖にも手を染めていた。戊辰戦争の戦費調達のためだったが、[5] 彼には大久保一蔵（利通）、木戸準一郎（孝允）両雄の後ろ盾があったと大隈八太郎（重信）は述懐している。[6] 江戸では大総督府が、大阪では会計官の造幣司がその衝にあたっていた。[7] 前者が鋳造した貨幣はほとんどが軍事費に充てられ、大阪鋳造の貨幣は太政官札と併用されて政府の一般財源に充てられたという。[8]

貿易量が増えるにつれて、安政条約でおおまかに約定され、改税約書[9]で詳細に規定された一メキシコドル（洋銀）が一分銀三枚（正確には三・一一枚）のゴールデンルール[10]を維持するには、政府は大量の一分銀を提供する必要があった。[11] だが、あろうことか明治二年に入ると、洋銀と新一分銀の交換を希望する者が減っていって、ついには政府鋳造銀との交換を中止せざるをえなくなった。[12] 洋銀相場は、すでに前年八月には一枚が一分銀四枚に高騰していた。[13] 新政府鋳造の一分銀の品位低下で、一分銀（「貨幣司一分」と呼ばれた）は次第に信用を失って下落していったのが原因だった。[14] 貿易の通貨レートが崩壊しつつあった。

もっとも、「幕府或いは政府カ新ニ二分判、一分判ヲ鋳造スルヤ彼等外國人中ニハ洋銀を熔解シヨリ低位ナル二分判ヲ偽造シ我カ貨幣トノ交換ニヨル利益ヲ獲ルノ奸手段ヲ弄セリ[15]」と、悪質な外国商人の毒牙も無視できないのであった。この情報は英公使館通訳官アレキサンダー・フォン・シーボルトからも密かに外国官へは伝えられていた。[16]

それにもかかわらず、ついに明治二年一月、英公使ハリー・パークスは基軸通貨である一分銀と二分金の下落が、出目をめあての一分銀の品位低下と二分金の贋造に起因するのではないかと追及の挙に出た。[17] 時あたかもきびすを接して外国要人への粗暴脅迫事件が起こっていた（解説一二）。パークスの政府追及は激烈かつ執拗で、宗城の辞意表明の原因になったという誤謬伝説が後に生まれる原因となった。[18]

パークスの外国官追及は、なぜかくも峻烈だったのか。慶応二年に、彼が主導した改税約書で幕府に飲ませた自由造幣局（フリーミント）、[19] 保税倉庫、灯台、電信、鉄道その他の日本近代化案件を、パークスは英国の手で行う計画をオリエンタル・バンクのロバートソンなどと連携して進める腹だった。その成否はただに祖国の国益のみにとどまらず、英国公使としての彼の名誉と威信がかかっていたのである。

慶応四年三月から外国官判事として外交交渉にあたってきた弁舌家大隈八太郎は、明治二年には正月十二日の本日記に登場するが、「大隈會斗（かいけい）兼勤御沙汰」とだけで素っ気ない。だが、意味するところは深長だった。いよいよ大隈をして日本財政の基礎を固めさせよう、と宗城は内心期するところが大きかったはずだ。三条実美や岩倉具視との意見調整も可能な限りやっていただろう。二月五日記事には、「三岡大坂知府事兼勤被仰付候ニ付判事始甚痛心の由ニ付輔相へ及文通候事」と開明派諸判事の憂慮を政府首脳へ伝達し、三岡八郎の大阪府知官事就任に反対している。

だが、幕府の金座・銀座システムを再開して鋳造した貨幣司金銀と太政官札の双方によって、軍資金と政府予算をひねり出してきた三岡体制を崩壊させることは容易ではなかった。背後には大久保、木戸の大きな影があった。大隈が述懐しているように「外を以って内を制するの政略[20]」しかなかった。「外」は外国官で、「内」は三岡の会計官と薩長武闘派である。外圧で内国問題を解決しようという魂胆である。パークスその人が、これを承知で日本政府を追及していたふしも否定できない。外交断絶宣言までして脅したのだから。

この闘争は大隈派の勝利に終わり、後世の経済史家をして「大隈重信は、江藤新平・寺島宗則・五代才助らの国際派を語らい、三岡八郎追い落としを策して成功[21]」と言わしめたのである。

では、具体的にどのようにして三岡は「追い落とされた」のか。党派的対立の真相にはとても迫りがたいが、最近の研究で三岡会計官判事の退隠の事情が明らかになっている。一言に要約すると、三岡退隠の直接の引き金になったのは、大阪貨幣司の知司事長岡右京の横領、贈収賄の疑獄事件に連座したのである[22]。大阪府知事後藤象二郎の被免も、この貨幣司疑獄（長岡右京一件）の責任を取らされた（口実にされた）と推測されている[23]。

しかもなんと、永年引き立ててきた後藤に引導を渡したのが、ほかならぬ宗城その人だった。二月二十九日の日記記事に、「後藤[24]大阪府知事兼勤被免候書付相渡候事」とある。

これで三岡財政の幕は閉じられて、大隈の財政改革が軌道に乗り始めた明治二年七月、大蔵卿欠員（エディンバラ公領客使の役目を終えたあとの宗城が九月十四日に就任）の新設大蔵省に大隈は大輔(七月八日発令[25])、伊藤俊輔は小輔（七月十八日発令[26]）となって「国際派（というよりは英国派）」の牙城が形成されていくのである。私どもは、この人事は宗城の意中から出て、三条・岩倉ならびに木戸・大久保など主導的参与層の賛同を得て実現したと考えている。

二　解放された暴力性と克服されない排外攘夷感情

戊辰の内戦によって解放された暴力性と無秩序が、数々の不祥事をもたらした。正月五日の横井平四郎暗殺に始まる要人の暗殺、克服されない攘夷感情による外国人に対する粗暴・威圧・暴力行為、東幸行列にまで潜り込んだ破壊的超保守派の騒擾、江戸時代を凌駕する残忍な五島切支丹迫害、官吏の贈収賄(27)などが表面化し、岩倉をして「内ハ綱紀振ハス百度（諸法律）擧ル無ク人心服セスシテ復タ亂ヲ思フ外ハ列強覊至（きんし）（群がる）シ頗ル干犯ヲ試ミント欲ス實ニ危急存亡ノ秋(28)」と嘆かせた。

遷都の疑惑の晴れない再東幸で、東京（とうけい）政府と西京（せいけい）留守政府との間にすきま風が吹くようになる。それは、三条と岩倉の疎隔にも繋がったようだし、後の弾正台止刑事件に象徴される政府機関の亀裂もあらわになる。

王政復古が表看板の新政府だったから、近代化で裏切られたと感じる国学・神道系の保守激派、守旧派筆頭の大原重徳刑法官知事ともつながる久留米、熊本両藩の激派尊攘藩士、それに扇動されるいわゆる草莽（そうもう）の人々などが軽挙妄動に走るのは予測されるところだった。

それはご親兵くずれや、脱籍復員浮浪兵の小騒擾として、一月二十六日記事「浮浪徒(29)五十人斗（ばかり）下り坂府神戸辺外国人ヲ暗殺亦居留地ヲ焼拂可申との流説」に表れてくる。ところが、翌日の日記には「浮浪解隊之者一件岩卿ニ而巨魁ヲ召集致説得候心得のよし」とあり、なんだか岩倉が浮浪人の黒幕だったようにも読めてしまう。

この手の騒擾で『明治天皇紀 二』に収載されて世に知られる多田隊事件(30)は、日記六月二日記事では神祇官筆生なども隊に参加していたようで、また筑後有馬の勤王党とも連携していたという。最近の研究[31]によると、首領河合縫殿助（ぬいのすけ）逮捕後に取調べを受けたのが八十人くらいだったといい、そのうち鳥取藩関係者の五人はすべて百姓身分だったようで、まだぼやの間に草莽の騒動が消し止められたとみられる。

四月十七日から二十日にかけての日記に池田慶徳事件が登場するが、日記の簡単な記載には複雑な背後関係が秘められていた。三条邸で暴言を吐き、天皇再東幸にあからさまに反対した古賀十郎と吉岡徹蔵は池田邸からそれぞれの出身藩へお預けになるはずだったが、実際は東幸に諜報役として随従し、それを指示したのが三条右大臣だったと慶徳サイドは主張[32]。慶徳はその間二人を使ったのだから報酬を出すべきだとまで建言している[33]。この話には、在日外交団による証言がある。英国側の認識では、天皇の「行列がすでに途中まで来たとき、親兵（護衛隊）の一団―各藩から採った未訓練のごった混ぜ集団―が天皇を止めようとした（すなわち、天皇の御側衆をおどしつけて止めようとした）。計画が失敗すると、江戸まで天皇のお伴をすると言い張った。その結果は狂信的排外感情の再発となり、（東京・横浜の―筆者註）外国人に対して、いろいろな形の暴行となってあらわれた[34]」となっている。三条は古賀や吉岡を使って無頼徒親兵を探っていたのである。また、プロシア代理公使を務めたマックス・フォン・ブラントも、東幸にむりやり参加して「夷狄に接觸して玉體を汚し給わざらん事等を歎願した」二千人の親兵が巻き起こした混迷について貴重な記録を残している[35]。

ちなみに無頼徒親兵に手を焼いて相談に来た吉井幸輔に、宗城は英軍インド兵部隊の研究を勧めて横浜に斡旋している（五月十日記事）。

騒然とした治安情勢の中で、外国知官事伊達宗城が対応に迫られたのが、外国人に対する侮辱、粗暴、暴力事件にまつわる外交問題で、パークスとそれに追随する外交団からは外人襲撃と崩壊した貨幣制度の改善方針が明示されないかぎり、外交交渉はできないと開き直られて、三条、岩倉はじめが狼狽した。[36]

政府が軸足を新しい政治の中心東京（とうけい）へ移すにつれて、外国要人の往来が横浜居留地から品川、東京へと拡散していったが、決定的な転機は天皇の二度目で、そして最後となる東京行幸だった。京都には留守官を残して、朝廷と太政官が東京へ引っ越したのだ。諸侯も外交官も追従せざるをえない。上述の親兵事件で見たように、攘夷軍団も天皇に随従していたのだから、洋人への粗暴事件はこの時期に集中している。

最初の被害者は、あろうことかパークス公使その人であった。三月十八日、東京から馬上横浜へ帰路についた公使は、東行中の熊本藩主細川韶邦（よしくに）の行列と大森ですれ違った。細川家臣が公使に下馬を強要し、護衛騎兵の一人を馬から引きずり下ろした。あの傲岸なパークスがおとなしく道を譲った。[37]生麦事件の記憶が彼の脳裏をよぎったに違いない。同じ日、仏公使館通訳官アルベール・デュブスケ（治部助）も韶邦の行列によって道ばたに控えさせられた。ご丁寧にも、治部助は翌十九日の夜、横浜居留区で鉄棒で頭部を殴打されて昏倒している。この時は別に仏人ハチストビヘーが襲われている。[38]

行列による外国要人の通行妨害は同月二十一、二、三日と立てつづけに起きた。二十一日には英国副領事ロバートソン[39]、ポルトガル領事ロレロとその妻が同乗の馬車を行列の侍が取り囲んで下車を強要。[40]翌二十二日の被害者がまたまたパークス公使だった。黒漆塗りで金蒔絵に飾られた「女乗り物」警護の押仕丁（おししちょう）が、馬上のパークスを下馬させようと刀の柄に手をかけたので、公使はピストルをかざして抵抗した。駕籠の主は東京再幸の先行女中新典侍局だったことが、あとになって判明。[41] 三日目、二十三日には英鉄甲艦オーシャン号船将スタノップが阻止されて、強硬にその不当を主張した。[42]

怒り心頭に発したパークスは、四月一日宗城との会談の中で外交交渉の中断を宣言し、下関戦争賠償金支払いもからんで、いつもは温厚な宗城との間で売り言葉に買い言葉の応酬となった（日記四月一日記事）。外交案件を押し立てて政府を攻撃するパークスに、大久保利通はほとんど感情的な怒りを爆発させているほど、[43] 峻烈な攻撃だったのも事実だった。

翌日、宗城は参朝して朝議にのぞみ、簾前で天皇に陳奏している。皇室関係者であっても場合によっては、処罰せざるをえない事情も説明したと見られる。

横井平四郎暗殺のあと、政府首脳がいかに戦々恐々としていたか。宗城とはとくに親密な関係にあった後藤象二郎は、堺事件で草莽や土佐勤王党の下級侍の恨みを買っていたうえに、大阪府失政（長岡右京一件関連）もあって、詐病を称し、大阪府兵の護衛を付けている。岩下佐治衛門（方平）も参内しなくなり、福岡孝弟も逼塞している、と大久保が書いている。[44]

明治二年に入って早々岩倉は輔相を辞任し、議定と大納言になるのも頑強に抵抗している。病気を理由としての辞意であったが、それも本人自身が神経性のものとほのめかしているように、[45] 攘夷派の襲撃を怖れて暫時頭を低くしたのではなかったか。大久保もその辺は察していたようで、あなたが身を退けば、私も引退すると牽制し、かつ励ましてもいる。[46] マリア・ルス号裁判の弁護人で、『パークス伝』を書いたF・V・ディキンズはこの時の岩倉について、「もっとも有能な政治家の一人であったが、職を退いたものの、奇妙な日本の慣例にならって、政治の表面に出ることなく、裏面から政治権力を行使していた[47]」と見ている。情報の出所は英公使館だろうから、英公使館勢の見方であろう。

かたや藩主層にあっても、染みついた神国思想と攘夷感情は容易には払拭しがたいのであった。筑後久留米藩の凄惨な内部抗争や同藩士による浮浪脱籍人の扇動は、少なくともその一部は有馬頼咸(よりしげ)[48]の思想に負っていたはずだし、宗城もいろいろと気をもんだ池田慶徳(よしのり)の攘夷派擁護の姿勢にもそれが見られた。筑前福岡藩主の黒田長知(ながとも)は、横井平四郎暗殺の党与を預けられていたが、公然とその寛典を朝廷に願い出ている[49]。イカルス号の英水夫殺人事件も、福岡藩は秘匿し続けて、パークスに尻をたたかれた大隈の強引な介入でようやく全貌が明るみに出たのであった[50]。

政府内外に瀰漫する攘夷排外感情を考慮して、政府はキリシタン迫害の手を緩めようとしなかったが、ついにウトレー仏公使が五島へ軍艦を出すと言い出したので、たぶらかしていた政府も調査に本腰を入れざるをえなくなった[51]。

急あつらえの錦の御旗を押し立てた革命戦争の傷跡を修復するのは、戦争遂行よりも困難であることは歴史の教えるところだが、明治二年の前半でみられた騒擾や混沌は、そのまま脱退騒動、あい次ぐ士族反乱と農民騒擾へと連鎖し、ついには西南戦争への導火線となって、明治維新第一期の終末を迎える。ついでいわゆる有司専制の第二期に入るのである。

三　封建領有制の崩壊―版籍奉還

慶応三年末の小御所クーデターが成功したあと、戊辰戦争が有利に展開するにつれて、三条、岩倉、木戸、小松、大久保、後藤、板垣などは、かたや守旧頑迷（攘夷）派の排除と、いっぽうでは諸侯権力の削減に向けておおっぴらに舵を切りはじめ、その過程をへて薩摩、長州、土佐の、やや遅れて肥前が加わる権力が形成されていく。

それは政府指導層の構成比率に如実に表れている。クーデターから慶応四年初頭にかけては、総裁・議定・参与のいわゆる三職と付属する七科の構成員は各階層、各藩から出ていて、一見混沌とした雑居体制に見えたが、[52]二月三日の三職八局制からは、薩長土の木戸、大久保、小松、後藤などの革命指導者層が政権中枢に総裁局顧問として公然と姿を現し、議定、参与は時とともに薩長土肥に絞られていく。閏四月二十一日以降のいわゆる政体書体制の七官制では二人の熊本藩士を除いて、参与の二十三名はすべて薩長土肥出身者となった。[53]

明治維新を主導した薩摩と長州にはそれぞれ「洋行帰り」の開明派若手グループがいて、長州の木戸も薩摩の小松、大久保も基本的にはかれら若手の力を借りなければ新生日本の青写真を十分には描ききれなかったのだ。だから、維新革命第二ジェネレーションともいえる開明派・国際派若手に行政の指導権を握らせていくのが、明治二年から明治四年廃藩置県までの政治過程だと見ることができよう。

行政の現場でこのグループに場所を得せしめ、かつサポートした主要な一人が宗城だったことは、一連の宗城日記類で、その証左の若干を提示できるのではないかと考えて作業を進めている。それは結果的に見れば、とりもなおさず三条と岩倉の意思でもあった。

だが、ヨーロッパ体験をした開明派の世界観は、律令時代への懐旧的復古思想とは正面きって対立する内容を包蔵していて、かつそれまでの日本人の通念からもかなりかけ離れていたので、短兵急にかれらの目指すものの実現を図るわけにはいかなかった。

幸いにも内戦は新政府側に有利に展開していった。政府はその余勢を駆って賭けに出たのである。版籍奉還である。封建の転覆、封建領有制の破壊、すなわち革命である。

版籍の奉還論は、薩摩では慶応三年十一月に松木弘安（寺島陶造、宗則）が先陣を切り(54)、慶応四年の夏から秋にかけては、木戸準一郎が大久保一蔵に働きかけて、おおよその合意に達していた(55)。おそらく木戸の意思をおもんばかった伊藤俊輔が、姫路藩主酒井忠邦の廃藩置府県の建言(56)を好機とみて、明治元年十一月に危険を冒してその実行を迫った。そのために命の危険を感じた伊藤は三月に「暫く退隠せんと決心し、その衷情を木戸に通じて斡旋を求め」たので、木戸は岩倉に伝達し、木戸、岩倉らの意向を受けた宗城が新設の通商司知事に伊藤を推薦した（御日記五月七日記事）と考えられる(57)。

木戸は島津久光の意向を気に病む大久保を説得し、大久保がなんとか藩論をまとめた（ことにした(58)）。『鍋島閑叟傳』では、副島次郎（種臣）らから薩長の奉還秘報を聞いた肥前隠居鍋島閑叟は、病床にあったが感動を顔にあらわして、主体的に賛意を表したとされている(59)（閑叟の本心はわからないが）。本日記では、閑叟からうち明けられた宗城も即座に同意し、さっそく宇和島藩へ連絡すると閑叟に応えている(60)。

賊軍として掃討され、領地を召し上げられたり、削減された藩の存続は困難に直面していた。疲弊しきった藩主層も脱力感に苛まれていた。機は熟しているのである。

版籍奉還の道筋がついたいま、躊躇するのはかえって危険というものだ。政府は前代未聞の奇策を弄して、ほとんどの諸侯を政府から一掃するのに成功するのである。

五月十三日に政府は勅令を発して、議政官を廃止し、代わって上下議局を開き、議定四人、参与六人を行政官に置くことを決めた[61]。この時までに議定は二十人、参与はすでに九名まで減らしていたのは先に見た[62]。同日三等官以上の投票によって、輔相、議定、六官知事、内廷（宮内）職知事、参与、六官副知事を任命させると令した(投票公選法)。内廷職以上は公卿と諸侯から、参与と六官副知事は貴賤を問わず選挙する。また、この日三条実美だけは先験的に天皇直結の輔相に任命している[63]。

翌々十五日には、選挙の結果、岩倉具視（輔相はあくまで辞退）、徳大寺実則、鍋島直正の三人が議定、東久世通禧、木戸孝允、大久保利通、後藤元曄（象二郎）、副島種臣、板垣正形（退助）が参与と発表された[64]。議定が四人、参与六人のポスト数を前もって決めておいて、投票者を三等官以上にすれば、その結果はおのずから予測されうるものだったであろう。ちなみに四月九日の岩倉宛池田慶徳書翰で、慶徳は議定定数を四人に減らすことに反対している[65]。藩主層の排除を警戒したのである。

この擬制選挙の正当性を担保する根拠は、神権王天皇が「列祖ノ靈ニ告テ（中略）神靈降鑑過ナカランコト[66]」を期したことに求められるのであろう。こうして薩長土肥政権の基盤が確立され、鞏固な寡頭体制が敷かれた。後の藩閥有司専制への道である。政府重職公選に託けた少数精鋭の宮廷制覇が、戊辰戦争の勝利で可能となったのである。明治革命第一期の成就であった。ちなみに選挙の結果宗城は外国知官事に再選されたが、議定の席は失った。それが、宗城辞職の最大の理由だったと考えられる。

こうしておなじ日に、毛利廣封（元徳、長州藩世子）をはじめとして、鍋島直大（佐賀藩主）、池田慶徳（鳥取藩主）、池田章政（岡山藩主）、蜂須賀茂韶（徳島藩主）、亀井茲監（津和野藩主）が麝香間伺候の閑職に追いやられ、十七日には徳川慶勝（尾張藩隠居）、細川護久（熊本藩主）、浅野長勲（広島藩主）がひとしく麝香間に移されている。[67]慶応四年早々には政府の重要構成員だった諸侯は、はなから選挙には参加できず、排除された。諧謔比喩的には、その昔の貝殻追放をつい思い起こさせるのだが、旧藩主は、版籍奉還がほぼ完遂される前提に立てば、以降は知藩事として、また皇室の藩屏として地方政治に専念すればよいという展開となった。

四　宗城の辞意について

宗城の外国知官事辞職は、いまだに通説ではパークスに責めたてられて嫌気がさしたということになっているようだが、[68]それで片がつくような単純な問題とは思えない。なぜなら、辞意の要因をとても一つに絞ることはできないからである。

箱館・津軽出兵についての宇和島藩の優柔不断な姿勢は、戦場の第一線で血を流している各藩戦闘員からは非協力と非難され、西京軍務官当局からは「無戦」[69]の烙印を押されて、ついに処分の対象となった。三月五日には藩主宗徳に謹慎のお沙汰が下り、[70]隠居宗城も同月十三日に進退伺いを出した。[71]

宗城へのペナルティは意外に軽く、進退伺いには差控の下札が付いて返ってきた。差控とはせいぜい一、二週間の逼塞で解除される軽微な処罰である。じじつ三月二十三日には大隈八太郎（重信）から外交案件の報告を受けているし、(72)二十七日には差控も解除されている。(73)

仙台伊達家は逆賊となり、宇和島伊達家は戦争に協力さえしないという非難を政府内で背負いつづけたことは、宗城の手痛い負い目になった。廟堂高職としての議定職を失う恐れを払拭できなかったはずだ。

通貨の混乱による貿易業務の停滞といい、外国人への脅迫、粗暴事件の頻発といい、外国官だけで対応できる問題ではない。天皇政府挙げての協力一致が望まれるのだが、それができなかった。政府はまだ誕生直後の混乱の中で右往左往していて、主役はあくまでも武力を背景とした薩長土肥のいわゆる下の参与層で、それを束ねる三条、岩倉の両巨頭が、大久保、木戸などの意見を叩きながら試行錯誤の采柄をにぎっていたわけで、統御・支配システムとして、完成からはほど遠かった。

ついに四月十六日、宗城は一回目の外国知官事の辞職願いを出すのだが、(74)その中で、宗城は財政と外交の問題を冒頭に指摘している。混乱の極みにある貨幣制度、言語に絶する五島切支丹迫害、パークス本人にさえ及んだ攘夷行動の再燃について言及している。

たしかに一回目の辞表にも、五月十六日の再度の辞表にも、(75)精神の衰耗を辞職理由にあげて、外国官知事の職責を全うする自信がなくなったと書いてはいる。なるほど「御日記⑥」では、ことのほか誤字が増えているのも事実で精神的にも疲弊していたのは推測に難くない。年齢ということもあったかもしれない。がしかし、日記・書簡類の内容や、明治元年末の宇和島で、津軽箱館出兵拒否事件の事後処理の采配をふるったときの目を見張らせる俊敏さを考えると、[76] やはり精神衰耗は常套的な遁辞とみるべきであろう。

辞意がパークスの攻撃に起因するという冒頭のテーマに戻ると、いかにもそれは大久保利通がほとんど感情的な怒りを爆発させているほど峻烈な攻撃だったのは事実だった。[77] だがパークスはアジアなかんずく中国で、マンダリンを相手にして育った外交官である。ガン・ボートをならべて、清国外交官に恫喝的態度に出るのは、中国駐在時代に身につけた第二の職業的天性としてそれなりに有効だった。[78] 慶応二年に始まった宗城とパークスの交流関係からして、[79] 宗城はそのことを推察していたであろうし、二人が本気になって争ったとは到底考えられない。

宗城不在の外国官では、パークスの、つまり大英帝国の対日外交戦略の書き直しが必要になるのだから、パークスが本気になって宗城と争うわけはない。彼の矛先が直接政府執行部に向けられていったのは、日記に書かれているとおりである。

五月一日にパークス自身がわざわざ宗城の私邸を訪問して、来日が近づいたヴィクトリア女王第二王子エディンバラ公爵の領客使に就くことを依頼にきたときには、宗城は機嫌よく了承している。[80] しばらくは領客使くらいで一息つこうと考えていたのかもしれない。

免職辞令降下の三日後の六月二十九日にシーボルトが来て、パークスが宗城の罷免について心配していることを告げた。[81] また、六月末日にはパークス一行がわざわざ三条輔相を訪れて、宗城罷免の事情を聞き糾している。辞職は本人の再三の希望によるものであり、天皇も遺憾に思し召されている。また、英王子接待役などのこともあって、当分は毎日外国官へ出仕しているという三条の説明に、パークスは「大ニ喜悦之躰ニ申居候」と、三条の宗城宛書翰にある。[82] 冒頭の通説にあまり根拠がないことは以上の解説で了解されよう。

ではなぜ宗城は辞表を出したのか。

話は前後するが、二回目の辞表は五月十六日に出されている。日記では、「議定被免外國知官事如是沾相勤候様被仰出候」のすぐ後には、「右ニ付辞表差出候為亦神尾登城申付」と綴られている。この四行には、宗城の思念がストレートに吐露されていると読める。あくまでも、「議定被免」なので、「辞表差出候」なのである。

宗城は準国持ちながら、大広間詰めの蘭癖外様大名として知られ、安政期からは徳川家定の継嗣問題(徳川慶喜を推した)や、条約勅許事件などで活躍してきた。[83] 文久以降は、三賢公の一人として公武合体運動に尽瘁した。[84] そのうえ、無類の勤王家でもあった。かれの蘭癖は、実家の大身旗本山口一族の開明性に由来すると思われるが、その勤王は宇和島伊達家の伝統によると考えられる。このことについては兵頭賢一のすぐれた総論が参考になる。[85]

宗城が直接朝廷とかかわりを持つのは、文久二年の奉命上京からであり、[86] その後二度入洛する機会があったが、孝明天皇の簾前咫尺(れんぜんしせき)の間に侍座するチャンスは第一回目の一度だけであった。[87] そのときの宗城の過剰な緊張と素朴な感激については本人の興味深い記述がある。[88]

慶応三年末の最後の上京からは、大久保、木戸らの後宮から天皇を奪取する大阪遷都に賛成し、四年三月の大阪と同年九月の東京行幸の輦側に奉仕して、幼沖の天子の武人天皇への訓育に意を尽くしたことは、『御日記②、⑤』で見たところである。この頃には宗城の尊皇感情は最大限に充足されていたであろう。

ところが明治二年四月二十三日には、再度の東京入りから一月も経たない明治天皇は「日ニ學問所ニ御シ、輔相議定参與御前ニ候シ」という義務を与えられ[89]、「六官正副知事、時ヲ以テ伺候シ政務ヲ議」する制度に変更された。宗城にとって最大の関心事だった青年天皇との糸は断ち切られたも同然の事態となった。簾前に伺候する役人は少数の議定と参与に限られた。議定を罷免されたその日に、即刻辞表を再出した理由は、このことにあったと、思えてならないのである。

政府は六月二十六日になって、宗城の辞意を認め、麝香間祗候（じゃこうのましこう）を下命した。

そもそも新政府の首脳、とくに三条と岩倉が宗城に期待した役割は、外交の指揮と諸侯への調整的働きかけにあったはずだった。すくなくとも本人は、そう了解していただろう[90]。

直接には武力を行使しない政変とも言える五月十三日の職制改革（「投票公選法」による政府首脳の入れ替え）で、宗城が属していた諸侯の勢力はほとんど駆逐され（麝香間祇候の下命）、六人の参与は、東久世を除いてはすべて薩長土肥に独占された[91]。宗城は投票の結果外国知官事としては残ったものの、宮公卿以下では最高職の議定職からはずされた[92]。宗城は自分の歴史的使命は終わったのだ、と観念したと思われる。

退官の日、宗城は「職制變革ニ付建言 案」なる文章を書いている[93]。この建言が実際に提出されたかどうかは不明であるが、同月晦日の宗城宛三条実美書翰には、「昨宵は御内書被成下忝奉存候[94]」とあるから、この「御内書」がこの建言案だったと思われる。

職制変革ニ付建言　案／職制御變ニ付／勅諭並職制書之御趣旨拝見仕候處古今御参酌除虚取實諸官全備無漏敬服仕候素ヨリ不識之宗城可及陳奏異見モ無御座候得共昨年壬四月被相定候政體之御主意此節ニ至

闔國人民漸ク耳目ニ馴レ了解得方向奉行仕追々　聖業之御實行相運候際今俄ニ御改革相成候得者亦一ヶ年間位ハ一同迷惑仕實効遅緩ニ可及カト迎憂仕候伏冀ハ是迠之政体暫ク被据置藩々制度大更ニ一定之良法御改示有御座度ト愚考仕候恐惶誠懽謹言／六月二十六日／宗城

建言案は右のようなものだが、前年閏四月の「廣ク會議ヲ興シ萬機公論ニ決スベシ」[95]とした政体書体制、公議政体の体制がやっと整い始めた今、早急に政治職制を変更するのは得策とはいえない、との趣旨である。宗城らしい婉曲で穏便な表現だが、その真意は政体書体制の公議公論路線を変更して、露骨に薩長土肥に権力を集中したことに抗議し、かつ版籍奉還後の藩政のあり方の良法を明確にしてほしいと読むのが筋ではないか。

明治二年前半の段階では、強硬な外交を展開する英公使パークスと個人的にも親密だった宗城を手放すわけにはいかなかったものの、宗城の辞表をいったん受け入れて、参与層以下の宇和島藩に対する不満と、国学神道派の文明開化への反発、不安をも吸収したと言えるのではないだろうか。[96]

稿を終わるにあたって、多大なるご協力をいただいた仙波ひとみ、猪原達生の両氏に心からのお礼を申し上げます。

注

（1）『貨幣』九―一〇頁。

（2）藩札については同右書一七頁。近世初頭の大隅国鋳造の私鋳銭と呼ばれる贋金は鋳造地がわかる文字が鋳込まれていた（同右書三三頁）。幕末の薩藩贋造は『偽明維』に詳しい。五代才助は宇和島の松根図書に贋造器械の購入を勧めているが（「歴う 三〇号」）、宇和島藩で贋造が行われた形跡は確認できない。
（3）貨幣の質量や品位を下げることで得る名目的財政利益。
（4）『貨幣』一〇頁。
（5）「大總督府江戸ノ金銀兩座ヲ収ムルノ時ニ方リ毎月金拾萬兩ヲ鑄造シ軍費ヲ措辨」したが、低品位で東北では通用せず、五十万両の戦費不足に苦しむ岩倉はあえて外国債の発行まで提案した（『岩倉 中』四五六―四五七頁）。
（6）『昔日譚』三八一頁。
（7）「貨幣司①」一九五頁。
（8）『貨幣』一八七頁。
（9）慶応二年五月、安政五ヵ国条約の付属貿易章程が新任の英公使パークスの主導で増補改訂され、改税約書と呼ばれた。それに列挙された項目は鎖国日本が開国へ向けて変貌する道程を予見していた。その後の日本近代化の過程を見れば、パークスの意図が奈辺にあったかが容易に推測されよう。協定を締結したその足でパークスは鹿児島と宇和島訪問を敢行した。これが宗城とパークスの最初の出合いだった（"Kondo",pp.5-8）。
（10）"Fox" 四五頁注5、六八頁。正確には百メキシコドルが一分銀三百十一枚と等価（『大外文二ノ一』二七―三〇頁）。
（11）タウンゼント・ハリスの提案で幕府はメキシコ洋銀で安政一分銀を鋳造した（『貨幣史』一四六頁）。
（12）『大外文 一ノ二』一六九―一七〇頁。
（13）同右書一五一―一五二頁。
（14）「額銀」（この場合「天保一分銀」型の「貨幣司一分銀」のこと）はメキシコ銀貨百枚に対して三百四十から三百五十枚に下落していた（『大外文二ノ一』三〇頁）。
（15）『日英史 上巻』一一三頁。
（16）『大外文二ノ一』三六一頁。
（17）同右書二六―三〇頁。東京鋳造の一分銀にはトタンを混ぜていたこともパークスは把握していた（同右書三六〇頁）。

(18)『大隈 上』一〇二頁。
(19)『明国環』四四五頁、『貨幣』一五二頁。
(20)『昔日譚』三八一頁。
(21)『貨幣史』一六〇頁。
(22)早稲田大学古典籍総合データベース：イ14A27141「長岡右京召捕一件ニ関スル清水浅吉等探索書」、「貨幣司①」一九六－一九八頁、二二六－二二九頁、「貨幣司②」註3、一三六－一三七頁。大隈の手許にあった「清水浅吉等探索書」について宗城は大隈からレクチャーを受けていたと考えられる。
(23)『大利文三』一四－一五、二三－二四頁で大久保は大阪の事件が「後藤の失策」となるのを心配している。
(24)後藤象二郎。慶応四年七月大阪府知事兼勤、明治二年二月大阪府知事被免（『百官 上』七八－七九頁）。
(25)『百官 上』六六頁。
(26)同右書九六頁。
(27)パークスからも厳しく指摘された（日記四月十一日記事）。
(28)『岩倉 中』七二二頁。
(29)尊攘派の解隊兵士が浮浪化して不安を煽った。
(30)『天皇紀二』一一五頁。
(31)「河書翰」
(32)『慶徳傳』一二九頁。
(33)同右書一三〇頁。
(34)『パ伝』一三七頁。
(35)『黎明』三〇一－三〇三頁。この親兵処分に関して大村益次郎は恨みを買い、後の暗殺事件につながったと指摘している。
(36)日記四月十日には三条が、二十八日には岩倉がパークスに出向いて謝罪している。

(37)『大外文二ノ一』五五一―五五五頁。
(38)同右書六七二―六七四、七三九―七四〇頁。幕府に加担したフランス人が狙われたようである。
(39)副領事ラッセル・ロバートソン。パークスの親友、広東初代領事ダニエル・ロバートソンの子息(『パ伝』一一二―一一三頁)。
(40)『大外文二ノ一』六二〇―六二一頁。
(41)同右書六四三頁。
(42)同右書六二一頁。
(43)『岩倉 中』七一六頁。
(44)『大利文三』一七頁。
(45)『岩倉 中』六六三頁。
(46)『大利文三』二四―二五頁。
(47)『パ伝』一〇七頁。
(48)頼咸の兄には国学を保護育成した神祇官副知事(『補任』一四二頁)亀井茲監(これみ)がいる。久留米藩の内部抗争全般については『久藩史』、浮浪脱籍者扇動については『木孝文三』二七八―二八五頁。
(49)『天皇紀二』七―八頁。
(50)この事件は宮永論文(「イカルス」)と『大外文二ノ一』に詳しい。
(51)日記三月二十三日記事。五島キリシタン迫害についての外交団の主張は、『五キ史』の記述でほぼ裏づけられる。
(52)慶応三年十二月九日の議定と参与職は、四十人の議定中皇族が六人、公卿十一人、旧藩主層十三人だった。百四名の参与の中で藩士層(二名の藩主を含めて)が五十三名で、薩摩藩九名、長州藩六名、尾張藩六名、福井藩六名、熊本藩六名、土佐藩三名、佐賀藩三名、広島藩三名、岡山藩二名、宇和島藩二名、鳥取藩二名、秋田・岡・高徳藩が各一名だった(『補任』一一五―一一六頁)。

(53) 閏四月二十一日の政体書体制発足時の議定二十二人は明治二年五月十五日までに二十人に減少していたが、藩士層の参与は十七名から九名に減少し、薩摩藩四名、長州藩一名、福井藩一名、土佐藩二名、佐賀藩一名が残った（『補任』一三八－一四〇頁）。薩・長両藩の洋行帰りを核とした新進官僚が行政官に多数進出して、その枢要なポストに就いた。身分によって分けられていた議定と参与の名前は残ったが、行政執行職と、より上位の「機務」にあずかる政策決定職とに分化し、参与層の相対的実力が肥大化した。なお注（52）と（53）の数字は依拠した『補任』の信頼性の問題から概数・傾向として理解していただきたい。
(54) 『寺宗資 上』一七－一九頁。
(55) 『木孝日 一』一八三頁。
(56) 『伊藤伝 上』九九四頁。
(57) 同右書四一五－四一九頁、四三二－四五一頁。
(58) 『大利文 三』一五－二一頁。
(59) 『閑叟傳』三三九－三四〇頁。
(60) 日記一月二十日記事。
(61) 『史要』一四二－一四三頁。
(62) 注（53）。
(63) 『史要』一四三頁では輔相は最初から三条一人に決まっていたように読めるが、日記五月十三日記事（八四－八五頁）では輔相選挙も行われているようで、三条の大量得票だった。
(64) 選挙の模様は日記五月十三日記事（八四－八五頁）。
(65) 『慶徳傳』一二八頁。
(66) 「三条年譜24」四九頁。
(67) 『史要』一四四頁。

(68)『大隈 上』一〇二頁。
(69)「戦功録」二四九頁。
(70)「乙記録103」三月五日。
(71)同右書三月十二日。
(72)日記三月二十三日。
(73)「乙記録103」三月二十八日。
(74)「藍公記」巻五31、一七一―一八丁。
(75)「藍公記」巻五31、四九―五〇丁、日記五月十六日。
(76)『叢書⑦』八〇頁。
(77)『岩倉 中』七一六頁。
(78)このことについては、"Lane-Pool" に豊富な記載がある。
(79)パークスと宗城との最初の邂逅と彼が宇和島に来る経緯については "Kondo", pp.3-8。
(80)日記五月一日。
(81)「藍公記」巻五32、三三丁。
(82)同右書三四、三五丁。
(83)『宗城伝』一五三―二二六頁。
(84)同右書二三四―二九八頁。
(85)『勤王』。
(86)文久二年十二月十八日に入洛(『在京』一三頁)。
(87)『在京』四六―四八頁。
(88)同右書四九頁。

（89）『史要』一三九頁。
（90）文久二年、朝廷、薩摩、近衛、大原重徳などが宇和島藩と宗城の入京を慫慂したときには、金穀や兵隊ではなく（『在京』三二、三三―三四頁）、宗城に期待したのは諸侯間の調整にあった（『在京』三二、三三―三四頁）。そのことは慶応四年ではより明確になり、諸侯対策（同上書六一七―六一八頁）のうえに外交問題が加わった（同上書六六一頁）。
（91）『史要』明治二年五月十三日（一四二―一四四頁）。
（92）『百官 下』四六二頁。出遅れた感はあったが、戊辰戦争に貢献が大きかった佐賀藩主隠居鍋島閑叟（宗城の義弟）が諸侯を代表する唯一の議定として新たに登場した。
（93）「乙25公文」六月二十六日。宗城の議定免職は五月十六日で、外国知官事の依願免職は六月二十五日である（『百官 下』四六二頁）。
（94）「藍公記」巻五32、三四丁。
（95）『天皇紀 一』六四八頁。
（96）慶応四年正月の段階で宗城を新政府の外交に当たらせようと考えたのは三条だったが（『在京』六六一頁）、参与レベルでは五代才助が公家や参与層の説得に当たった（「歴う」三一号）。

引用文献略記一覧（『宇和島伊達家叢書⑧』）

伊達家文書

乙記録83：都築荘蔵報告書「土藩建言書并幕府形勢一〇月一五日沾次第書一通」。

乙記録103：乙記録百〇三號 明治二己巳年正月ヨリ明治三庚午年正月ニ至ル日記。

乙25公文：公文乙二五號 一通「職制変革ニ付建言 明治二年六月廿六日。」

藍公記：「藍山公記」。

一般文献

(ア)「ア歴グ」：アジ歴グロッサリー。

(イ)『伊藤伝 上』：『伊藤博文傳 上』春畝公追頌會、昭和一五年。『岩倉 中』：『岩倉公實記 中巻』岩倉公舊跡保存會、昭和二年。『岩関文 四』：大塚武松『岩倉具視關係文書 第四』昭和五年。「イカルス」：法政大学学術機関リポジトリ・宮永孝「イギリス軍艦イカルス号水夫暗殺一件」。

(ウ)『ウィリス』：大山瑞代訳『幕末維新を駈け抜けた英国人医師』創泉堂出版、二〇〇三年。

(エ)「永平寺」：「永平寺諸禅師略伝」(eiheizen.jimdofree.com) 永平寺六二世—青蔭雪鴻禅師。『蝦夷地』：トーマス・W・ブラキストン、高倉新一郎校訂・近藤唯一訳『蝦夷地の中の日本』八木書店、昭和五四年。「延遼館」：東京都展示「延遼館の時代」東京都公文書館、平成二七年。

(オ)『鴎外歴』：「津下四郎左衛門」『鷗外歴史文學集 第三巻』岩波書店、一九九九年。『大隈 上』：伊藤之雄『大隈重信 上』中公新書、二〇一九年。『大利日』：『大久保利通日記 一、二』日本史籍協会、北泉社。一九九七年。『大利文 三』：『大久保利通文書 第三巻』公爵大久保家蔵版、昭和三年、マツノ書店復刻、平成一七年。『お雇い』：梅溪昇『お雇い外国人—明治維新の脇役たち—』講談社学術文庫、二〇〇七年。

(カ)「**海図**」：海上保安庁「海洋情報部のあゆみ」。『**貨幣**』：『日本小百科 貨幣』東京堂出版、一九九九年。「**貨幣司①**」：安岡良一「大阪貨幣司の研究」松山大学論集第二四巻第四―二号、二〇一二年。「**貨幣司②**」：安岡良一「大阪貨幣司と住友」住友史料館報第四三号、平成二四年七月。『**貨幣史**』：久光重平『日本貨幣史概説』国書刊行会、復刻平成八年。『**貨条例**』：国会図書館デジタルライブラリー、造幣寮『貨幣条例―新貨条例改正全』明治四年。「**河書翰**」：前田孝行「明治二年 軍務官河田佐久馬の書翰」第九六回鳥取県史だより。『**閑叟傳**』：中野禮四郎編『鍋島閑叟公傳』侯爵鍋島家編纂所、大正九―一〇年。

(キ)「**北史料**」：北方史料デジタル・ライブラリー、北海道図書館。「**北デア**」：「北海道立文書館デジタルアーカイブズ、簿書 105702」。『**木孝文**』：『木戸孝允文書』日本史籍協会、東京大学出版会、二〇〇三年覆刻再刊。『**木考日**』：『木戸孝允日記 一、二、三』日本史籍協会、マツノ書店復刻、平成二七年。『**旧幕府**』：戸川安宅編『旧幕府 二』マツノ書店合本翻刻版、平成一五年。『**勤王**』：兵頭賢一『宇和島藩に於ける勤王思想の発達』南豫文化協會、昭和一五年。「**近日肖**」：国会図書館「近代日本人の肖像」。

(ク)『**久藩史 上下**』：『久留米藩幕末維新史料集 上下』鶴久次郎、古賀幸雄、昭和四二年。

(コ)『**五キ史**』：浦川和三郎『五島キリシタン史』仙台司教館出版部、昭和二六年。『**五伝記**』：片岡春卿編纂「贈正五位勲四等五代友厚君伝」日本経営史学会編『五代友厚伝記資料一』一四―一五頁、東洋経済新報社、昭和四六年。『**是清伝**』：『高橋是清自傳』千倉書房、昭和一一年。

(サ)『**在京**』：「在京奉蒙 御内勅上京始末密誌一」『伊達宗城在京日記』日本史籍協会叢書、東京大学出版会、昭和四七年復刻。『**嵯実日 三**』：『嵯峨實愛日記 三』日本史籍協会叢書、昭和六年、昭和四七年復刻、東京大学出版会。『**薩英留**』：犬塚孝明『薩摩藩英国留学生』中公新書、昭和四九年。「**三条年譜 24**」：国立国会図書館デジタルコレクション「三條實美公年譜 巻二四」。

(シ)『**シ父伝**』：ハンス・ケルナー、竹内精一訳『シーボルト父子伝』創造社、昭和四九年。「**司法史**」：「明治初年司法史年表一八六九―法制史」。『**ジャ・マ**』：石井寛治『近代日本とイギリス資本―ジャーディン＝マセソン商会を中心に―』

東京大学出版会、一九八四年。『**史要**』:『明治史要 全』東京大学出版会、マツノ復刻版、一九九八年。「**蒸気船**」:山川浩實「徳島藩の蒸気船」。「**シンポ武四郎**」:公益財団法人宇和島伊達文化保存会・宇和島歴史文化研究会・松浦武四郎研究会・松浦武四郎記念館主催「宇和島シンポジウム 松浦武四郎と宇和島」平成三一年。『**人名**』:『明治維新人名辞典』、吉川弘文館。

(セ)『**昔日譚**』:『大隈伯昔日譚』早稲田大学大学史編集所、昭和四七年。『**先覚者 3**』:『愛媛の先覚者 3 矢野玄道』愛媛県文化財保護協会、一九六五年。「**戦功録**」:「各藩戦功録」『維新日誌第二期第二巻』巌松堂書店、昭和九年。『**仙人辞**』:菊田定郷編『仙台人名大辞書』、昭和七年。「**仙騒擾**」:木村紀夫「仙台騒擾はなぜ起こったのか」「仙臺郷土史研究」三〇二号、令和三年六月。『**仙戊人**』:木村紀夫『仙台藩の戊辰戦争―幕末維新人物録282』荒蝦夷、二〇一八年。

(ソ)『**叢書①―⑧**』:本『宇和島伊達家叢書①―⑧』。「**造幣局**」:立脇和夫「大阪造幣局の建設とオリエンタル・バンク」東南アジア研究年報(28)、一九八六年。

(タ)『**大外文 一ノ一**』:『大日本外交文書 第一巻第一冊』外務省調査部編纂。『**大外文 一ノ二**』:『大日本外交文書 第一巻第二冊』外務省調査部編纂。『**大外文 二ノ一**』:『大日本外交文書 第二巻第一冊』外務省調査部編纂。『**大外文 二ノ二**』:『大日本外交文書 第二巻第二冊』外務省調査部編纂。「**玉図館**」:平成二八年度金沢市立玉川図書館『金沢城下における武士町と町人町』。

(ツ)『**承昭傳**』:国立国会図書館デジタルライブラリー『津軽承昭公傳』。

(テ)『**寺宗資**』:『寺島宗則関係資料 上下』寺島宗則研究会、示人社、昭和六十年。『**天皇紀 一**』:宮内庁『明治天皇紀 第一』吉川弘文館、昭和四十三年。『**天皇紀 二**』:宮内庁『明治天皇紀 第二』吉川弘文館、昭和四四年。

(ト)『**遠い崖**』:萩原延寿『遠い崖―アーネスト・サトウ日記抄3(英国策論)』朝日新聞出版。『**東洋銀**』:立脇和夫『明治政府と英国東洋銀行』中公新書、一九九二年。

(ニ)「**新津留**」:近藤麻里「明治初期新潟港における救荒政策と交易」「外交史料館報」第三三号一五七―一七三頁、二〇一九年。『**偽明維**』:徳永和喜『偽金づくりと明治維新』新人物往来社、二〇一〇年。「**日英交**」:外務省「明治維新期の日英交流」。

『日英史』：『日本外交資料集① 日英外交史 上巻』外務省調査部編纂、クレス出版、一九九二年。『日近履』：秦郁彦編『日本近現代人物履歴事典』、東京大学出版会、二〇〇二年。
（ハ）『パ伝』：F・V・ディキンズ、高梨健吉訳『パークス伝』東洋文庫、一九八四年。『幕維人』：『幕末維新人名事典』学芸書林、一九七八年。「泊園書院人物伝」：https://www.kansai-u.ac.jp/hakuen/about/people_archive/1845-1877.html。『幕日フ』：鳴岩宗三『幕末日本とフランス外交』創元社、一九九七年。「博覧會」：ndl.go.jp/exposition/s1/index.html。
（ヒ）『百官』：日本史籍協会編『百官履歴 一、二』北泉社、一九九七年。
（フ）「福井士」：福井県文書館資料叢書9「福井藩士履歴 い」。『補任』：日本史籍協会『増補幕末明治重職補任 付諸藩一覧』東京大学出版会、昭和五五年、マツノ書店復刻、平成二六年。『フ幕維』：M・ド・モージュ、ウジェーヌ・コラッシュ、アルフレッド・ウエット、市川慎一・榊原直文編訳『フランス人の幕末維新』有隣新書、平成八年。
（ホ）『法全書』：国立国会図書館デジタルコレクション『法令全書』内閣官報局、明治二年。「捕亡人」：国会図書館デジタルコレクション「司法捕亡権限」司法省。
（マ）「松江藩」：岸本覚「幕末維新期における松江藩と隠岐預所の基礎的研究」東京大学史料編纂所研究紀要第23号、二〇一三年。
（ム）『宗城公伝』：兵頭賢一『伊達宗城公傳』創泉堂出版、二〇〇五年。
（メ）『明維外』：下村冨士夫『明治維新の外交』大八州出版、昭和二三年。『明国学』：坂本是丸『明治維新と国学者』大明堂、平成五年。『明国環』：石井孝『増訂明治維新の国際的環境 分冊二』吉川弘文館、昭和四八年。
（ユ）「有利」：有利浩一郎「日仏修好通商条約、その内容とフランス側文献から見た交渉経過 10最終回―日仏外交・通商交渉の草創期―」ファイナンス、二〇一九年三月号。
（ヨ）『洋史典』：日蘭学会編『洋学史事典』雄松堂出版、昭和五九年。「陽春艦」：アジア歴史資料センター「公文類纂 明治二年 完 本省公文／海軍日誌一二月 陽春丸長崎に於て修復の節条約書云々」、「陽春艦顛末取調」。「陽春丸」：アジア歴史資料センター「公文類纂 明治三年 巻八 本省公文艦船部／諸願伺一一月 久保田藩所有陽春艦顛末取調」。『横小楠』：

松浦令『横井小楠〈増補版〉』朝日選書、二〇〇〇年。「吉田①」：松沢裕作「奇特之者から官僚へ─吉田市十郎の軌跡─」『近代移行期の名望家と地域・国家』名著出版、二〇〇六年。「吉田②」：熊谷市立江南文化センター「吉田二郎」、熊谷デジタルミュージアム。「よど 20号」：近藤俊文「落ち穂拾い 一九 伊達宗城というひと その二」、「よど 20号」、二〇一九年。『慶徳傳 五』：『贈従一位池田慶徳公御伝記 五』鳥取県立博物館、平成二年。

（レ）『黎明』：マックス・フォン・ブラント著、日獨文化協會訳『黎明日本』刀江書院、昭和一七年。「歴う」：「歴史のうわじま」。

（ロ）「ロ留学」：宮永孝「幕末ロシア留学生 市川文吉のこと」法政大学学術機関リポジトリ。

“Fox”：Fox, Grace “Britain and Japan 1858 - 1883”, Oxford, 1969.

“Kondo”：Kondo, T. “Visit of British Squadron with Sir Harry S. Parkes to Uwajima in 1866 - A Historical Revision -”. 宇和島市、宇和島歴史文化研究会、平成二八年。

“Lane-Pool”：Stanley,Lane-Pool “The Life of Sir Harry Parkes”, Macmillan and Co., 1894.

【付録】

甲記録十四號　六五丁オ

明治二己巳年英王子アデンプルフ

来朝御接伴ニ付四月より備忘手記

領客使従二位宗城

四月十日
○英公使館（ヒジリ坂上元土持邸也）ニ於輔相三條始應接之時パークス氏より不遠英國女帝次男アウスタリ州等廻巡日本へ可致渡來旨吹聴申述候
　但此事ハ昨年より風聞有之自分へハ兼而公使より及内話候也
三條より返答
夫ハ忝早速
天皇へ可及奏　聞萬端不都合ニハ可有之候得共必ス御接遇可相成と存候
同月十二日
○英王子参着候ハヽ濱殿園内石室加修補居留所ニ可被備ニ決ス
　但尓後修復之儀追々令沙汰夫々外務省ニ委曲筆記故略ス
同月下旬過
　判事町田権判宮本其他役々御用懸申付候也
四月廿六日夕
○英公使來ル
△王子御接遇之事談ス今日より五十日程して東着（ママ）可申由

五月朔日夕英公使□（一字不明）
△公子洋暦八月初日日本六月末ニハ可参旨申越候故御接遇被下候ハヽ都合向承度由ニ付近日自是可及決答候
△於石室滞留中入用諸器物香港にて候得者可也調達可申幸香澳（ママ）奉行附士官参合居候故同人被遣候ハヽ冗費モ省ケ御弁利ニ可有之四日ニ飛脚便船候由御接遇ハ無相違事ニ付同人へ相頼候旨致返答置候
　但諸事為引合明日町田宮本可遣と約候也
同三日
△英公子御接遇可被為在旨朝議決ス且御對顔前後親王被遣之處今一應可懸合赴也
同四日
△公使へ前日之為陳述町田遣候處飛脚にて取込居候ニ付ミットホルト（第二等書記官公使より王子渡來用懸申付候也）今般公子着ニ付御沙汰の赴にてハ甚御面倒相成且平人とハ次第も相變リ候處却而右様の次第等より
天朝之御榮名を相穢し候時機ニ立至而も如何ニ付公子来着候得者不表向内密ニ英公使館へ留置自然東京へ罷越度申候時ハ是亦公使館内へ滞留候様可致旨也
　但パークス御接遇尤と不存不平故尚又可申立と談ス

同六日
○水戸少将佛國滞留中英國へ参候時之取扱尋候処返書中
△英國ニ而も大君舎弟と申所にて諸事手厚公子同様之取扱ニいたし候様存候赴
但申出書付外務省ニ收蔵為致置候事
六月十六日於英公使館對話
△外国館ニて王子御接遇之次第取調既に廟議も決候故右書面公子（○使の誤か）へ相渡候事
同廿一日シーボルト公使使ニ來ル
△王子御接對（ママ）書付公使拝見申候處瀧見御茶屋計ニてハ何分御手狭御威儀不相備様奉存候御假にても不苦
皇居之内にて御對面之儀盡力有之度由傳言尤ニ付政府へ可申立と答置候事
同廿二日
○英公使館へ参る
△英王子最初ハ於大廣間御對面有之度由尚可申立と答置候
同廿六日
○外国知官事被免候得共近々英王子渡來ニ付相済候迄館へ出頭可申旨徳大寺被申候

七月二日
○ミスホルト來ル
△英王子来着候ハヽ貴族被遣於東京御接遇候段改而被仰出候旨申達ス
△王子日光見物望候得者参候都合相成度旨公使より兼而内談有之処宇（ママ）津宮始驛亭昨年戦争ニて破損止宿差支候故断度王子見物之儀不被申出様公使へ話置候様申述事
但其実御入費莫大故也
同六日
○英王子渡來ニ付宗城へ領客使被仰付候旨重臣呼出御達也
同七日
○朝廷無止御都合モ被為在候故乍不肖御請申上且壹人にてハ病氣故障之節間欠可相成不安心ニ付同役亦随使も被仰付度申立候事
○中島五位随使被仰付候事
同九日
○大原四位領客使被仰付候趣にて来臨
同十一日
○先達外務省ニ而王子御接遇次第取調御評決候處亦々制度

寮ニて調候處ヲ被相用候由ニ付更ニ英公使へ為引合大原
中嶋同伴及談判夫々承知左之ケ条申立候事
△公使ハ英女帝名代人於日本ケ様之事有之時ハ王子ニ
　侍坐可申譯ニ付御上段へ右大臣と對坐いたし度
△王子参　内之時供之兵隊召連度昨年公使於京都参内
　之時も二百人召連候故王子ナラ三百人ニても過分に
　ハ有之間敷と存候由
答
△公使上段へ進候事ハ政府へ申候未可及決答候
△供兵隊昨年公使参　朝之時ハ前日ニ縄手一件も有之
　此方ニて守衛嚴重申付往来ヲも通行差留次第にて貴
　國兵隊も増加候處此節ハ王子使節にても無之懇親よ
　り
天皇御接遇被為在候儀ニ付王子にても其実跡ハ顕され度
　旁可成人数少き方可然ニ談論ツマリ五十人位ニ決ス
△王子東京へ出候儀陸ヲヤメ軍艦ニて品海へ廻り可申
　旨申聞候故聊無差支ト答候也
同十四日
○パークス應對御對遇（ママ）ニ付種々話合候筆記スル事件ナシ
同廿二日夜九字神奈川報知
○今日午後第三字過英王子着港之由右ニ付明朝英國迎の川
　蒸気参候赴モシーボルトより爲知越候故九字出立ニ決ス
同廿三日
○第九字英公使館へ参無程密法度シーボルト同伴高輪應接
　所前より川蒸汽船ニ乗ル第十二字横濱へ着上陸裁判所へ
　参候中島随従
○パークスより第一字公使館へ参候様申越中島寺嶋同伴参
　候處途中へ王子之乗車ヲ以ミツトホルト迎ニ来候故乗移
　候事
○無程王子不表立致對面候暫相話候
○勅意申述候ニ付直垂ニ着替大意左之通申述候
　遙々無恙王子着之由聞ツケ領客使宗城等當港へ罷越候
天皇陛下ヨリ東京芝之浦ワ（ママ）延遼館ニ而憩ヒテ逢マク
　告賜フ
王子答
　ワザ〱領客御出張忝御苦勞ニ御坐候東京へ参候様
天皇之御命難有く追て参　内之儀御禮モよろしく賴上る
右相済一同食事五時半出立帰邸夜十字也
○三條右府と外務卿へ文通今日之次第且明後廿五日第八字
頃出港馬車ニ而延遼館へ参候趣申通候事

同廿四日
○外務省へ出頭諸事申談取計候事
　但外務省留記ニ有之
○参　内王子廿七日假
皇居へ出度由昨日申聞候処御用意都合モ有之故廿八日と相
　成候様可取計旨右府より申聞候
同廿五日
○第十一字より外務卿始一同延遼館へ罷越居候事
　但王子滞留中ハ館中被借渡候譯ニ付大手下馬札モ取除
　彼我同様玄関前迄馬駕供乗込ミ候事ニ決ス
○王子午後第二字無滞着館祝詞申述對食
○兵部卿宮爲尋問被参面晤
　勅意被申述候事
○王子参　内廿八日ニ決ス第一字
○パークス應對
△王子御對顔之時上段へ公使附添出候事無差支廟議之由
申聞候処本懐之旨相答候随而亜細亜軍艦之水師提督王
子一同参候処此人ハ公使同様上段ニ出候様いたし度門
地ヲ論ゼザレバ王子より上席ハ勿論此十日程前本國よ
り亦昇進被申付殊ニ昨年大坂にて拝　謁もいたし居全
随従之人々とハ譯も違王子も承候ハヽ気の毒ニ可存於
公使甚心配之情実抔も縷述して何分其處願敷赴也
答
即答ハ難出来政府へ可申出候大原より公使上段へ被出
候(ママ)無差支と及御答候得者亦水師提督ヲ被申出段々人数
相増候何故最前不被申聞候ヤ
公使云
此人一体國元へ可帰筈ニ候處王子着船候得ば同船ニ参
申候王子も日本海初而相頼罷越候故あらかじめ、しか
と最前より難申立候譯也
同廿六日
○右府殿へ水師提督席之儀申置候乞(ママ)商議候
○延遼館へ参王子面會
○王子より館中之御構其外手厚御懇ロ之儀珍敷画帳数々戴
キ重々恭
天皇陛下へ御禮宜敷申上候様頼入候由
○三條右府始来月朔日十二字より一字過迄ニ爲尋問参入之
儀承候処無差支待入候よし
○来月三日頃ハ神奈川迄帰候由兵庫大坂長嵜へも相廻候赴
同廿七日

○延遼館にて王子對話

○公子對説（ママ）左之通

△明日王子参上之節歩騎共々召連候處落ち場所御示之通にてハ公使参上と同様殊ニ此度歩兵ハ王子随従之者とも騎馬ハ公使付召連れ候故騎馬より歩兵早く落チ候而ハ不氣向パークスも心痛いたし候其之上王子下車の時歩騎之面々へ會釋之礼式も有之旁御玄関前迄ハともいたし候様有之度と申聞候

答

王子与公使無差別處ハ尤之儀ニ付尚政府へ可申立候得共御玄関迠随従ハ差支候王子下車ハ二重橋渡候處也場所甚せまく中〱擺列之余地無之故中仕切門ヲ入處にて落ち候様いたし度候

答

然ハ二重橋と中仕切御門之間廣場へ爲控候様相成度願上候

△大廣間席今日爲試各立坐申候所上段圖之如くせまく候故納言も上段を下り立坐いたし候故水師提督にも納言對坐有之度

パー答

夫ハ水師提督を上段へあけましくとて納言にも下られ候半事と考候由決而さよふの譯にて無之明日参朝席見られ候得者可相分故何分此所ニ決度と再三数（ママ）四互ニ論弁不決候故以獨断左之通リ更ニ申述候然ハ上段ハ天皇陛下親王と王子通弁斗臣下ハ互ニ下段侍立と決可候

パー答

夫ナラ何ともいたしかた無之候

亦云

王子行列見合候処案内ハ掌客使也公使参　内すら判事ニ候處公使にもおとり候御取扱ハ甚不都合の事王子之爲領客使も被　仰付候故爲案内御出有之度事と考候

答

素より領客使にて大原爲御案内罷越候得共行列ニハ認無之候

パー云

左様なら王子御同車可被申候

右等之儀只今より三條へ罷越明日王子出門迄ニ決着可申候

○大原四位も大廣間席之事如何と懸念被参候故右之条々相相話一同三條へ参及陳述置候

同廿八日
○十字参内昨夜パークスより申談候事件夫々決着相成候事
○午後第二字王子参朝諸事兼而被相定候如御次第書夫々無
滞御對　面相済四字過退出ス
○延遼館へ参一同對食
○兵部卿宮参入談詞被申述候

同廿九日
○於紀州邸日本料理被差出能見物有之候
○ミットホルトへ昨日瀧見亭にて三條へ王子より御宸筆と
か被申聞候處主意分リ兼候故問合候様相頼候故承度候
ミット答
夫ハ御宸筆相願候事ニて持帰リ女帝へ遣候ハヽ無此上仕
合重寶ニいたし候何れ國にても帝王親筆ハ甚貴重に致候
もの王子ニ無之候而ハ願上候事も失敬故難願何分御一字
にても宜候間尚三條公へ御話被下度王子懇願ニ御坐候由

仲秋朔日
○朝賀下リより三條始延遼館へ罷越候
○池田中納言も水戸少将爲名代参同人佛國より英國へ参候
時懇切取扱候謝禮申述候ため也

同二日延遼館へ参王子面會

同三日
○今日王子と同船横濱へ参候故八字延遼館へ参
○三條此間王子より被相願候
御宸筆御製持参直ニ被相渡候不堪感謝趣也
○兵部卿宮王子船爲見物参候
○十一字王子出立宮始同船小舸にて本船へ乗祝砲廿一發水
夫帆桁立禮ス
外ニ英軍艦二艘参居同様祝砲發ス
○王子案内艦中宮始一覧する
○一同對食
○二字宮被帰候中島随従
亦祝砲廿一發三艘共打候兼而王子出船ニ富士山御艦よ
り答砲兼廿一發致祝砲候筈之処英軍艦ハ不残打候故幸
富士山船将参候間外艦よりモ爲打候ハヽ可然と申候処
何分間ニ合兼候赴也富士山よりモ英祝砲中ニ打候事
三字過出艦六字横港着船上陸集文館へ一泊
但明後五日夜参候様王子より噂承知申置候

同四日
○朝七時出立馬車十二字歸邸三條ト外務卿へ及文通候
大原滞港也

同五日
○第十二字出門馬車午後四時半裁判所へ着無程宮始参議三
人大原來會
○七字過王子馬車迎ニ参シーボルト來宮此方大原同車公使
館へ参候
○王子對面食事
但佛公使同船将米(ママ)共來る
△王子爲馳走パークス西洋之踊催ス十二字迄致見物歸る
馬車也
同六日
○王子出帆モ本國飛脚船相待居少々手間取候故明日於公使
對食離盃ニ相成可然先日より度々往来且滞留有之王子に
も甚氣の毒ニ存候趣ニ付公使より右之段申入候よし幸の
儀ニ付任其意及返答候
同七日
○午後二字英公使館へ参王子と對餐暇乞いたし帰る大原同
伴也兵部卿宮も今日帰途之事
同八日
○中島随使モ帰る
同十日濱殿
行幸供奉申候處
玉座へ被爲召英王子渡來ニ付前後心配いたし都合能相済御
満足の趣蒙　勅語候
同十一日
○横濱より被知昨十日午後第三字半王子無滞出帆の由弁官
へ相届候事
同廿二日應　召参
朝申候處領客使被免候旨以書付坊城大辨被相渡候別に王
子御接伴ニ付領客使被仰付候處心配出精相勤御満足被遊
候故乍御麁末此品賜候由被申聞拝領ス
一菊蒔繪　硯箱
一白羽二重　三疋

【人名索引】

【人名索引】

人名索引凡例

1　本索引は本書（翻刻、現代語訳、脚注）に登場する人名を五十音順に排列し、収録したものである。

2　人名表記は以下の原則に基づくこととした。

⑴「美作守」のように官名で登場する場合は、「→奥平昌邁」と名前を記し、「奥平昌邁」の項に記載した。

⑵「土佐藩主」のように姓名の記載がない場合は、「→山内豊範」と名前を記し、「山内豊範」の項で明示した。

⑶「大総督」のように官職・役職で表記されている場合でも、それが明らかに人物を表し、その人物名が明らかな場合は、「有栖川宮熾仁親王」と記し、「有栖川宮熾仁親王」の項に記載した。

⑷「東西」のように、複数の人名を表している場合は、「東久世道禧」と「醍醐忠敬」に分けて記載した。

⑸ 収録した人物に変名や別名のある者は、（　）内に記載した。

⑹ 姓と名のいずれか若しくは部分的にしか表記されていない場合や、変名や別名で表記されている者に関しては別項目を設けて本名を「→　」で示した。

3　姓名の読み方のはっきりしない者は、音読みで記載した。

人名索引

【編纂者略歴】

近藤　俊文（こんどう・としふみ）

1932 年生まれ。翻刻校注『伊達村壽公傳』、『伊達宗紀公傳』、『伊達宗城公傳』、『伊達宗城公御日記』、『伊達宗徳公在京日記』（創泉堂出版）など、元公益財団法人宇和島伊達文化保存会理事、宇和島歴史文化研究会会長。

水野　浩一（みずの・ひろかず）

1937 年生まれ。元公益財団法人宇和島伊達文化保存会評議員、宇和島歴史文化研究会事務局長。

【宇和島伊達家叢書⑧】

伊達宗城公御日記　「備忘」明治二己巳暮春より

— 戊辰戦後の混乱と版籍奉還 その他 —

2021 年 8 月 18 日発行

監　修　公益財団法人 宇和島伊達文化保存会

編　纂　近藤俊文・水野浩一

発行者　橋本哲也

発　行　有限会社　創泉堂出版

〒 162-0808　東京都新宿区天神町 64 番　創美ビル２Ｆ

電　話・03-5225-0162

ＦＡＸ・03-5225-0172

印刷・製本　創栄図書印刷株式会社

ISBN978-4-902416-47-3 C3021 Printed in Japan

宇和島伊達家叢書　既刊案内

《宇和島伊達家叢書①》井伊直弼・伊達宗紀密談始末
藤田　正［編集・校注］
幕末の激動期に松平春岳（福井藩主）・山内容堂（土佐藩主）ともども活躍し、賢公の誉れ高い八代藩主・宗城が、井伊直弼大老をはじめ幕閣の画策によって、隠居に追い込まれるに至る顛末を克明に記録した未公刊史料である。
● A5 判並製・62 頁　●本体 1,500 円＋税　● ISBN：978-4-902416-24-4 C3021

《宇和島伊達家叢書②》伊達宗城隠居関係史料 —改訂版—
藤田　正［編集・校注］・仙波ひとみ［改訂］
第一集の続編にあたり、宇和島伊達文化保存会所蔵史料の中から伊達宗城の隠居に関わる記録・書翰類を採録して、「伊達宗城隠居関係史料」「伊達宗紀・宗城宛井伊直弼書翰」「逸事史補関係史料」の三章構成で編集したもの。
● A5 判並製・80 頁　●本体 1,250 円＋税　● ISBN：978-4-902416-38-1 C3021

《宇和島伊達家叢書③》伊達宗城公御日記①　慶應三四月より明治元二月初旬
近藤俊文・水野浩一［編纂］
宗城が幕末、いわゆる四藩会議のために着坂した慶応 3 年 4 月 12 日に始まり、堺港攘夷事件が決着をみた慶応 4 年 2 月 13 日までの出来事を綴った直筆日記である。この時期に勃発した二大攘夷事件、神戸事件と堺港事件の克明な記録である。
● A5 判並製・122 頁　●本体 1,600 円＋税　● ISBN：978-4-902416-35-0 C3021

《宇和島伊達家叢書④》伊達宗城公御日記②　明治元辰二月末より四月迠 在京阪
近藤俊文・水野浩一［編纂］
京都で発生した攘夷派によるパークス英国公使襲撃事件によって、成立直後の維新政府は存亡の危機に立たされた。事態収拾の重責を担い奔走する宗城公の未公刊直筆日記の続編である。
● A5 判並製・112 頁　●本体 1,600 円＋税　● ISBN：978-4-902416-37-4 C3021

《宇和島伊達家叢書⑤》伊達宗城公御日記③　明治元辰四月末より六月迄 在京阪
近藤俊文・水野浩一［編纂］
鳥羽伏見の戦いのあと、宇和島藩の宗藩たる仙台藩はついに朝敵とされるに至る。本書は複雑な藩論をかかえ、深刻な焦燥感に苛まれながら、事態の打開策を必死に模索する宗城の激動の日々を浮彫りにする。本書はその前半期の様相を克明に記録。
● A5 判並製・140 頁　●本体 1,600 円＋税　● ISBN：978-4-902416-39-8 C3021

《宇和島伊達家叢書⑥》伊達宗徳公在京日記　慶応四辰七月廿二日より明治元辰十月十八日着城迄（御日記④）
近藤俊文・水野浩一［編纂］
宇和島藩の宗藩たる仙台藩はついに朝敵とされるなか仙台藩説得に奔走する宇和島伊達藩・宗城、宗徳父子の日々を浮き彫りにする。草創期維新政府と朝廷の素顔、幕末大名家一族の私生活、一藩主の旅行記としても、興味の尽きない内容である。
● A5 判並製・152 頁　●本体 1,800 円＋税　● ISBN：978-4-902416-43-5 C3021

《宇和島伊達家叢書⑦》伊達宗城公御日記⑤　明治元辰六月より十一月迄　在京
近藤俊文・水野浩一［編纂］
鳥羽伏見の戦いのあと、宇和島藩の宗藩たる仙台藩はついに朝敵とされるに至る。本書は複雑な藩論をかかえ、深刻な焦燥感に苛まれながら、事態の打開策を必死に模索する宗城の激動の日々を浮彫りにする。また、明治天皇東幸の知られざる一面に光を当てた。
● A5 判並製・104 頁　●本体 1,600 円＋税　● ISBN：978-4-902416-46-6 C3021